LES CATHARES

Henri Gougaud est né à Carcassonne en 1936. Homme de radio, parolier de nombreuses chansons pour Jean Ferrat, Juliette Gréco et Serge Reggiani, chanteur, poète et romancier, il partage son temps d'écrivain entre l'écriture de romans et de livres de contes.

Henri Gougaud

LES CATHARES

Brève histoire d'un mythe vivant

Bartillat

La première édition de ce livre a paru aux éditions Bartillat, en 1997, sous le titre *Les Cathares et l'éternité*.

TEXTE INTÉGRAL

ISBN 978-2-7578-0866-5
(ISBN 2-84100-083-4, 1re publication)

© 1997, Éditions Bartillat

Le Code de la propriété intellectuelle interdit les copies ou reproductions destinées à une utilisation collective. Toute représentation ou reproduction intégrale ou partielle faite par quelque procédé que ce soit, sans le consentement de l'auteur ou de ses ayants cause, est illicite et constitue une contrefaçon sanctionnée par les articles L.335-2 et suivants du Code de la propriété intellectuelle.

1
Dieu n'est pas de ce monde

Qu'est-ce qu'un cathare ? Autant arrêter un passant et lui demander : « Qui es-tu ? » Une réponse, aussi vaste soit-elle, ne saurait contenir la vie. Or, il en va de certains mots comme des êtres de ce monde. Ils sont vivants. « Cathare » est un mot vivant. En lui est une histoire, une pensée, une âme, des rêves et des deuils, des désirs d'infini. Il remue, il respire. On l'aime, on le déteste, on le veut dans son camp, on le jette aux orties, on l'interroge aussi, on lui dit « instruis-moi », ou l'on se sert de lui pour désigner des routes, bref, il vit, ce mot-là, comme vous, comme moi. Comment donc l'enfermer, une fois pour toujours, entre les quatre murs d'une définition ?

Il n'y a pas de « vérité » du catharisme. Faisons une fois pour toutes litière de ce chiffon rouge que je ne sais quel démon agite sans cesse devant le mufle des pauvres bêtes que nous sommes. La vie est, la vie va, sans souci de notre insatiable désir de nous assurer d'elle, aussi multiple et foisonnante que les étoiles dans le ciel, que les cellules dans mon corps, que les pensées, les rêves, les élans qui ont traversé des milliards d'êtres, des cavernes premières aux dernières auberges de ce monde. Nous savons bien au fond que nous avons besoin, plus que de vérités, de réponses crédibles, et si possible confortables. Je me contenterai donc de visiter ce mot, cathare, avec affection et respect, comme je m'efforce d'approcher tout être vivant, et de ne trahir ni ce que je sais de son histoire, ni ce que j'ai appris de sa pensée, ni ce que j'aime de ces gens qui l'ont en eux porté. Et je n'ignore pas, ce faisant, que je parlerai de moi autant que de lui, de moi en lui, de lui en moi, comme un peintre le fait avec le paysage ou le visage, devant lui, qui s'applique à ne point bouger.

Cathare est un mot occitan. Bien sûr, son ascendance est grecque, mais le regard de ceux qui chez moi le prononcent et ces deux «a» qui sonnent et cet «r» surtout qui roule clair et sec l'enracinent profondément dans nos propriétés. Je lui sens une parenté phonétique, un air de ressemblance, une complicité de cousins turbulents avec ce «caparrut» que grondait mon grand-père (faites sonner le «t», s'il vous plaît, à la fin) quand il levait la main sur ma jeune tignasse en essayant en vain de faire le terrible. «Cabochard», ainsi pourrait-on traduire «caparrut» ou «teigneux», ou «rebelle». C'est un terme de nos garrigues langagières, un épineux. «Cathare» aussi. En lui est une noblesse de campagne, sourcilleuse, à la nuque droite, au sourire un peu méfiant. Ceux qui se disent tels, parfois, sous nos citadelles écorchées, peuvent bien ignorer de quoi ils parlent. Qu'importe, ils expriment confusément un désir de verticalité, un parfum de haut vent, un «je suis» qui pourrait se suffire, s'ils osaient vraiment dire, et si leur fierté d'être n'avait pas été écornée par cette idée de bas monde qu'il faut absolument être quelque chose, ou quelqu'un.

« Cathare », donc, est occitan, mais il est né ailleurs. C'est chez Eckbert de Schonau, chanoine de Bonn, que l'on trouve pour la première fois, au milieu du XIIe siècle, mention de ce terme. « Ces gens-là, dit-il, notre Germanie les appelle "Cathares", la Flandre "Piphles", la Gaule "Tisserands", d'après leur usage du tissage. » Certains voient ce mot dérivé du bas-allemand « ketter », chat. Les cathares seraient ainsi les gens du Chat, la bête, au Moyen Âge, entre toutes infernale. C'est ce qu'avance Alain de Lille : « Cathares, d'après *catus*, car, à ce qu'on dit, ils baisent le derrière d'un chat sous la forme duquel, dit-on, leur apparaît Lucifer. » « À ce qu'on dit », « dit-on », sentent fort le ragot, pour ne pas dire pire. Alain de Lille, en fait, joue les mauvais corbeaux. Il calomnie les hommes, il insulte leur nom. Il n'est guère fiable.

Or, il se trouve qu'aux premiers temps du christianisme, certains gnostiques (et les cathares sont nés de la matrice gnostique) sont appelés *Katharioï* (les « Propres », les « Purs »). La parenté des termes, ici, ne saurait être hasardeuse. Ce qui n'empêche pas le chat de pointer son museau. Il arrive parfois que l'on torde des noms, au cours de leur histoire, pour leur faire dire le mal que l'on pense de ceux qui les portent. Il suffit d'ignorer, délibérément ou non, leur étymologie. « Cathare » et « ketter » sont phonétiquement assez proches pour que l'un soit tombé dans les griffes de l'autre, en le poussant un peu.

Donc, né du Chat ou des Purs, voilà le mot lancé dans le champ de l'histoire. Peut-être parce qu'ils le considéraient trop méchamment sali, les hérétiques médiévaux répugnèrent à le porter. Ils préférèrent se désigner de termes suffisamment anodins pour être acceptables : « bonshommes » ou « bons chrétiens ». D'où venait leur pensée, ou plutôt leur façon de tendre à Dieu la main ? De si loin qu'on se perd à tenter de toucher sa racine première. Les gnostiques sont, je l'ai dit, les ancêtres avérés des cathares. Gnostiques, de *gnosîs*, connaissance. Connaissance éminemment singulière, puisqu'il n'en est qu'une qui vaille, celle qui mène au Ciel silencieux du dedans. Et voilà que déjà on est presque perdu. Innombrables sont les sectes gnostiques, aux premiers temps chrétiens. Elles sont toutes sorties du chaudron bouillonnant où mijotaient ensemble idées grecques et savoirs égyptiens, paroles de Jésus, Zoroastre, Manès, épices orientales aussi, probablement. Chacune a ses chemins, ses détours, ses lumières. Elles ont toutes, pourtant, la même couleur d'âme.

Quand ils ferment les yeux, les gnostiques voient tous le même paysage : un monde qui n'est pas le leur, une flamme ténue, et qui n'est pas du monde. Ici-bas est le lieu où Dieu est en prison. A-t-il créé ces chemins, ces montagnes, ces villes, nos misères, nos guerres et les plaies des lépreux ? Non. Il est là, en nous, il espère de nous un peu de pain, d'amour, de quoi ne pas mourir avant l'envol final hors du corps, ce tombeau. Nous pouvons l'appeler, nous ouvrir à sa voix, exalter notre vie dans sa présence intime, mais en marge du monde, hors des désordres terrestres et des manigances du diable, à l'abri des pouvoirs qui pèsent sur nos vies.

Cet arbre de foi-là n'est pas partout semblable. Il est ici tordu, là chétif, là touffu, mais il est partout de même essence. Or, on le trouve vivant avant le christianisme, en Grèce par exemple, où les orphiques professent que le corps est le tombeau de l'âme. Et hors du christianisme, dans l'Islam des soufis, où le poète anatolien Yunus Emré, contemporain des derniers cathares, s'exhorte au renoncement, au terme d'un impitoyable inventaire des méchancetés du monde. Quel sort les pouvoirs établis réservent-ils à ces gens sans espoir terrestre, chacun dans son pays et chacun dans son temps ? Ils sont tous objets de scandale et presque constamment hérétiques.

Cinq siècles avant Jésus, les orphiques, par souci farouche de la vie, sont végétariens. Voilà qui apparaît, vu de nos boutiques diététiques, d'une simplicité sympathique, sans plus. Mais comme le note Jacques Lacarrière[1], « il n'en était pas du tout de même dans la Grèce antique. Les sacrifices accomplis sur les autels consistaient justement à consommer la viande des victimes. Ce n'était pas à proprement parler une communion avec le dieu, mais pour le moins un échange rituel entre le fidèle et la divinité. Ne pas consommer de viande et refuser de participer aux sacrifices officiels, c'était se comporter en réfractaires ». Ces gens-là sont mendiants, prophètes, vagabonds. La vie de la cité leur est indifférente. Que disent-ils des hommes ? Qu'ils sont nés de la chair des Titans massacrés par la colère de Zeus, et donc qu'ils portent en eux (dans leur corps, ce tombeau), une inapaisable douleur de meurtre.

---

1. *Orphée, Hymnes et discours sacrés*, présentation, traduction et notes de Jacques Lacarrière, Imprimerie nationale, 1995.

Manès le Perse, quelques siècles plus tard (il est mort en 277), affirme, lui, que ce monde fut pétri par le diable. Satan, dit-il, entraîna nos âmes dans sa chute, après qu'il se fut rebellé contre Dieu, et les enferma dans des prisons de chair. Et c'est depuis ce temps que le Bien et le Mal, principes à jamais irréconciliables, gouvernent toute vie. Il ne faut pas entendre ces mots-là selon leur sens pauvrement moral. Le Bien ? L'incorruptible, l'éternel, le divin. Le Mal ? Le périssable, la matière, les mille peaux du monde et constructions des hommes. « Seigneur, sauve-moi de la matière et des ténèbres car tout est en haut, rien n'est en bas. » Telle est la prière exprimée dans la *Pistis Sophia*. Qui est gnostique ? Celui en qui l'Esprit est devenu vivant. Celui qui voit par Lui, et qui par Lui connaît. Le lieu d'élection du gnostique n'est pas le monde, mais l'infini royaume de la vie.

Certes, Manès connaît, en son temps, quelque gloire officielle, mais elle est éphémère, et le manichéisme ne tarde guère à endosser des oripeaux de mendiant. La victoire de l'Église le laisse pour mort. C'est compter sans l'increvable vitalité de ce désir qui anime les âmes plus puissamment que les corps. La gnose survit, non point sur les grandes routes de l'histoire mais sur ses plus humbles chemins. Au Xe siècle elle arrive en Bulgarie. Un prêtre de village nommé Bogomil prêche que ce monde est mauvais, qu'il faut le fuir et chercher refuge dans la chambre secrète de l'âme où n'ont accès ni les fracas ni les fausses lumières d'ici-bas. Point d'église, dit-il, ni pouvoir hiérarchique. Soyez simples, priez, mendiez votre pain, nourrissez-vous de peu. Satan, frère du Christ, fils de Dieu lui aussi, a trahi son Seigneur, il a créé ce monde. Il est l'ingénieur de la vieille Genèse. Il est l'auteur maudit des Tables de la Loi. N'espérez donc de lui ni paix ni bienveillance. Attendez-vous plutôt à ce qu'il vous déteste. Les Bogomiles s'y attendent. Ils ont raison. Ils sont bientôt impitoyablement persécutés. Leur foi pourtant s'étend vers Byzance et l'Asie mineure. Les communautés se structurent, installent des rites, ordonnent des prêtres, cultivent, aussi, leurs différences. Les distances terrestres qui bientôt les séparent se font parfois spirituelles. Leurs discours, leurs pratiques se nuancent, se mêlent à l'air du lieu, prennent couleur nouvelle. Voici bientôt ces vagabonds poussant leurs chariots d'espérances déraisonnables sur les chemins de Lombardie, de Provence et de ce bas Languedoc où ils découvrent mes paysages familiers.

Certes, il n'est pas de courant tracé droit dans les houles de l'histoire. Il n'est pas de pensée pure, née pure, cheminant seule et parvenant enfin sans mélange au bout de sa route de vie. Je sais où je suis né, mais où sont nés mes idées, mes croyances, mes rêves ? Un vent spirituel prend quelque part naissance, il en rencontre d'autres qui le dévient ou le renforcent, il affronte des monts, se perd dans des forêts, boit des pluies aux rivières et se mêle d'orages et vient mourir enfin dans un pays nouveau. Que reste-t-il, dans ses derniers souffles, du vent premier ? Il en va du catharisme comme de n'importe quel courant vagabond. Peut-on dire à bon droit quand il est né, et où ? Le faisceau de la lampe que l'on tend au passé effleure çà et là quelques gens, quelques arbres, quelques murs de maisons, mais l'ombre garde presque tout. «Je vois cela», dit l'un en braquant sa lanterne. Et l'autre, dirigeant à l'oblique la sienne : « Mais vous n'avez pas vu cette chose évidente. » Tous les deux ont raison, sans doute, autant que tort. L'histoire devrait être un art, point une science. J'imagine avec bonheur des historiens qui accepteraient le risque d'être des peintres de la mémoire, et non des conquérants du passé. La relation sensible et féconde avec nos vieilles vies y gagnerait sans doute ce qu'y perdrait le dur désir de clarté.

Faute de savoir pénétrer les mystères du désordre, je tente donc de tracer un chemin dans cet autrefois envahi de broussailles. On rencontre quelques éphémères grands hommes parmi les hérétiques qui, vers le XIe siècle, allument leurs feux d'errants à la lisière des villages occidentaux. Grands ni par leur fonction, ni par leur savoir, mais par la folie sacrée qui un instant les habite et les hisse au-dessus du monde. Ainsi Leuthard, paysan de Vertus, en Champagne. Il rentre un jour des champs, la face illuminée, flanque dehors sa femme et va, le pas vengeur à l'église du bourg. Il y brise la croix. Il se met à prêcher. Dieu a touché son front. Et que lui a-t-il dit ? Refuse tout du monde, ouvre-toi à l'Esprit, demeure chaste, tant de cœur que de sexe, aime désormais ton épouse comme ta sœur, défais-toi de tes biens, ne mange plus de viande, prie et jeûne sans cesse, et quand la mort viendra, laisse-toi achever par tes frères spirituels. Le Père Saint t'attend hors de ce temps du diable.

J'imagine les gens qui l'écoutent, bouche bée, les yeux immenses. Des pauvres, des sans-rien, des femmes en haillons et des enfants pieds nus. Ils ignorent tout des livres, des philosophies, des discours de ceux qui pensent, ils ne savent lire que la course des nuages dans le ciel, ou les rigueurs de l'hiver prochain dans les pelures d'oignons. Ils n'ont même pas les mots pour dire ces choses bouillonnantes, ces tumultes qui leur montent du cœur en gorge. Mais quelle fièvre, quelle espérance, quelle irrépressible famine les soulève vers l'âme bleue du monde quand ils entendent parler Leuthard dans leur bourbier de place publique ! On le conduit devant l'évêque de Châlons. On le questionne. Peut-être l'invite-t-on à débattre. On sait bien qu'un illuminé au bord de l'indicible ne saurait rien peser devant qui possède l'art du mot bien aiguisé et du croc-en-jambe irréfutable. Leuthard est jugé fou et ses gens l'abandonnent. Il s'en revient chez lui, se penche sur son puits. Il voit le ciel, au fond. Il se jette dedans.

Beaucoup d'autres, au cours des siècles, le suivirent dans la mort décidée. Après le siège de Minerve, comme certains s'inquiétaient que les hérétiques prisonniers soient tentés de renier leur foi pour avoir la vie sauve, « ne craignez rien, leur répondit l'abbé de Cîteaux, il y en aura fort peu qui se convertiront ». Ils furent ce jour-là cent quarante à se jeter au feu, et nombre de leurs frères qui ne furent pas pris s'offrirent à l'*endura*, ce jeûne sans retour où s'épuisait le corps. Martyrs ? Il y eut sans cesse, au cours des siècles, de ces êtres qui se privèrent de nourritures terrestres jusqu'à s'éteindre, par amour de Dieu. Fanatiques ? J'aimerais pouvoir imaginer que le maître obscur du monde, voyant ces gens quitter sans regret notre terre, a parfois murmuré soudain pris d'impuissance : « Est-il si terrible de vivre auprès de moi ? Que leur ai-je donc fait pour qu'ils me fuient ainsi ? » Mais non. « Ne craignez rien », dit-il à ses enfants de troupe qui s'inquiètent de voir quelques-uns demeurer.

J'éprouve, pour ces gens qui ont fui, une affection douloureuse. Je les interroge, parfois, dans le silence de mes dedans. Je leur demande pourquoi ils sont partis. Ils me répondent : « Parce que nous pensions que la vraie vie était au-delà de nos corps. » Je leur dis : « Comment saviez-vous cela ? » Ils se taisent. J'insiste. Je leur dis qu'à moi aussi les cruautés du monde font horreur, mais que j'aime ma peau, et que j'aime ma vie, et que j'aime les gens, autour de moi, qui vivent, et que oui, je suis sale et complice du diable, mais tant qu'à être là autant boire, manger et ouvrir grands les yeux pour tenter d'attraper, là-haut, quelques étoiles. Ils m'écoutent, et dans ma rêverie je les sens proches, aimants. Et voilà que soudain je pense à autre chose. Il est, dans le bush australien, une communauté d'aborigènes qui ne tient plus à ce monde que par quelques membres au savoir inacceptable pour nos raisons communes. Ces gens ont décidé de ne plus faire d'enfants et de s'éteindre en paix dans leur désert parce que, disent-ils, « nous avons fait notre temps sur cette terre, et nous devons maintenant rejoindre d'autres lieux de vie ».

Nous qui nous sommes réduits corps et âme à nos quelques dizaines d'années d'existence, nous qui avons érigé nos peurs en vérités, avant nous le néant, après nous le néant, entre les deux l'effroi de ce qui nous attend, nous ne pouvons entendre cela. Nous ne pouvons juger qu'abominable la folie, ou l'élan qui emporte dehors les suicidés mystiques. La peur, peut-être aussi l'opacité des murs de cette prison mentale que nous appelons vérité, ou raison, nous interdit de concevoir qu'ils aient pu vouloir partir. Ils ont été assassinés, ou trompés par des démons déguisés en hommes, voilà tout ce qu'il nous est permis de croire. En cela les inquisiteurs médiévaux sont nos frères, hélas. Car eux aussi étaient enfermés dans une bulle de vérité hors de laquelle n'était que néant, et pas plus que nous ils ne pouvaient supporter qu'on en sorte. Et les hérétiques eux-mêmes, quelle est la part de leur quête infinie, dans leur désir d'ailleurs, et celle de l'enfermement dans une vérité aveugle et sourde à ce qui n'est pas elle ?

Je ne me veux pas tolérant. Qui tolère admet, certes, mais à contrecœur. Il n'y a pas, dans ce mot, le moindre grain d'accueil. J'aime mieux m'efforcer à un constant état de veille, ouvrir tous les matins portes et fenêtres dans ma bulle, et désirer sans fin une lumière neuve, un oiseau messager, quelque chose à quoi je n'avais pas pensé. Trouver, j'aime cela, mais dire sans cesse à l'Inconnu : « donne-moi plus encore », car la vraie mort est là, dans l'immobilité des certitudes. « Si tu crois avoir trouvé Dieu, jette-le. Ce n'est pas Dieu », disent les maîtres soufis. Des gnostiques.

À mon sens, on ne peut réduire l'affrontement de l'hérésie cathare et de l'Église catholique, aux XIIe et XIIIe siècles, à un holocauste de victimes estimables perpétré par d'inhumains agresseurs. La liberté de pensée est une conquête moderne. Elle est inconcevable en ces temps de vérités impitoyables. Et il faut bien, pour que l'Inquisition ait quelque grain à moudre, qu'oppresseurs et opprimés soient véritablement frères, c'est-à-dire sortis de la même matrice, il faut bien, entre eux, une complicité fondamentale pour qu'ils acceptent de jouer au même jeu. Car enfin, qu'auraient fait les inquisiteurs s'ils n'avaient eu devant eux que des êtres prêts à tous les reniements formels, pour peu qu'on les laisse tranquillement chercher Dieu dans le secret de leur âme, des êtres prompts à se moquer littéralement du monde, c'est-à-dire, après tout, des prestiges du diable ? Ai-je à choisir entre le feu et la reconnaissance de votre gloire ? Je la proclame incassable. Vous voulez que je chante haut et fort le *Veni Creator* ? Le voici, mes frères. Que j'admette humblement mon errance ? Je vous baise les mains. Et maintenant bonsoir, j'ai à faire chez moi.

Il y aurait bien eu là deux langues étrangères, deux histoires distinctes. Il n'y en eut qu'une. Pourquoi ? Parce que la parole, la parole à voix haute, en ces temps, est sacrée. Elle engage l'âme, et surtout face au diable, au Grand Trompeur, à l'Illusionniste majuscule. Affirmer devant lui sa foi et donner pour elle sa vie en gage, c'est avoir, sur ces cimes absolues, le dernier mot, celui qui abolit tout débat, toute guerre. C'est être le soleil qui chasse les ténèbres. Si donc la mort des combattants est le signe de leur défaite, les cathares furent incontestablement vaincus. Mais si elle est le signe de leur sacrifice, ils furent (ils sont) vainqueurs, dans les siècles des siècles, car il n'est plus d'argument recevable au-delà d'un tel acte. Le don total d'eux-mêmes crée leur éternité.

Qu'ont-ils prêché que les gens d'Église ne pouvaient entendre ? Que l'être est fait d'un corps, d'une âme et d'un esprit. Le corps est périssable, il appartient au diable. L'âme est cette chaleur qui anime le corps. Elle fait battre le cœur, elle est l'élan du sang. L'esprit est ce qui en nous demeure de l'ange que nous fûmes et qu'un jour nous serons à nouveau, si Dieu veut. C'est en lui que prend sa source notre espérance d'éternité, en lui que s'enracinent nos plus hauts désirs. Car l'esprit, confusément, se souvient de ce qu'il fut. La nostalgie d'En-Haut sans cesse le tourmente. « Ainsi l'imagination, les songes, les pensées s'opèrent dans l'homme par l'esprit. Par l'âme, nous ne faisons que vivre », répond un hérétique aux questions de Fournier, l'évêque inquisiteur de Pamiers, en Ariège. Quand meurt la créature, l'âme se sent perdue, elle est nue, elle s'effraie. Elle n'a de cesse que d'entraîner l'esprit dans un corps nouveau. « Le feu de Satan la brûle toute, mais quand elle est incarnée, elle est en repos. Elle ne souffre plus de ce feu. »

L'esprit, de corps en corps, demeure en ce bas monde l'unique sceau divin, sa mémoire, sa trace. Dieu nous a-t-il donné la liberté du choix entre le Bien qu'Il est et le mal où nous sommes ? Impossible, répondent les prêcheurs de la nouvelle foi. « Est-ce qu'une source donne, par la même faille, de l'eau douce et de l'eau amère ? » Non. Dieu n'a d'autre désir que de nous revoir chez Lui. « Il ne fait rien en ce monde, ni fleurir, ni grener, ni concevoir, ni enfanter. » Qui donc fait pousser les arbres, et les fruits, et les feuilles ? Rien d'autre que « la puterie de la terre ». Deux principes opposés, décidément, animent, nourrissent, gouvernent toute vie. L'un lumineux, intangible, hors du temps, l'autre mouvant, chaotique, éphémère, roulant sans cesse de chair nouvelle en pourriture et de pourriture en renaissance. « Ce que l'on voit est transitoire. Ce que l'on ne voit pas est éternel », a dit saint Paul, et les docteurs cathares le citent volontiers.

Car ils se veulent bons chrétiens, et meilleurs apôtres de Jésus que leurs juges. À leurs yeux, il va même de soi que les véritables hérétiques sont ces gens de Rome qui les interrogent, les tourmentent et allument sous leurs pieds le bois mort des bûchers. Quel livre serrent-ils sur leur cœur et citent-ils d'abondance, quand ils parlent ? La Bible des Évangiles. « Je ne suis pas de ce monde », dit Jésus. À ses disciples : « Vous n'êtes pas de ce monde, et c'est pourquoi ce monde vous déteste. » Et Jean : « N'aimez pas ce monde, il est posé dans le Malin. » Le comte Raymond VI de Toulouse, qui entretenait parmi ses familiers, outre un confesseur catholique, deux cathares notoires, avait tant de fois entendu répéter ces paroles définitives qu'il les avait changées, paraît-il, en boutade : « On voit bien que c'est le diable qui a fait le monde, puisque rien ne nous arrive à souhait. »

De fait, un pessimisme fondamental s'oppose à l'espérance de voir un jour le règne de Dieu s'établir « sur la terre comme au Ciel ». Le débat est sans fond, comme l'est la vie même, peut-être absurde aussi, tant il fut meurtrier. Il est, au cœur même de la controverse, une phrase, un mot, un rien, un trou noir du langage où l'on se perd comme dans l'infini. Les catholiques opposent, à ceux de l'anti-monde, cette phrase de Jean l'Évangéliste : « Toutes choses ont été faites par Lui, et sans Lui rien n'a été fait. » Voilà, disent-ils, la preuve, irréfutable puisque signée d'un saint apôtre, que Dieu a bien créé le monde. Erreur, répondent les cathares. *Sine ipso factum est nihil* » ne doit pas être traduit par : « sans Lui rien n'a été fait », mais par : « Sans Lui a été fait le rien, le néant ». En vérité, les deux traductions sont possibles, et voilà bien le point vertigineux. Car c'est sur ce « rien », sur ce « néant » que se fondent deux siècles de persécutions, de bûchers, de meurtres, de batailles. C'est pour ce « rien » que fut prêchée une croisade, qu'une armée innombrable déferla sur Béziers, ravagea un pays, pour *nihil*, pour néant, pour rien que des êtres humains ont par milliers souffert, combattu, saigné, désespéré !

En vérité, nous sommes là au bord d'un terrible et magnifique mystère. « Tout cela pour rien » dit la raison, prompte à conclure. Et elle jubile, elle se gonfle d'orgueil d'être seule à voir clair, elle se délecte un instant de l'humaine folie dont elle se croit protégée. Mais elle se perd bientôt dans de nouvelles ténèbres. Comment l'humanité a-t-elle pu survivre depuis ses premières cavernes si elle est à ce point dénuée de bon sens ? « Tout cela pour ce rien qui est au cœur de tout », murmure l'âme sensitive. Car Dieu est là, en ce lieu vide où le voyageur, parvenu au bout de sa route, ne trouve plus la moindre branche où accrocher une pensée, une espérance, une prière. Dieu est là, Tout et Rien découvert au bout du tout ou rien, présent comme l'éblouissant parfum d'une mémoire revenue après si longtemps d'oubli, ce néant. « *Sine ipso factum est nihil.* » Sans Lui présent au cœur rien n'est, que le néant.

Il est vrai que les gens d'Église de ce temps sont trop occupés aux affaires du monde pour cultiver ce Dieu si subtil, si fragile. Il leur faut assurer leur règne, consolider les fondations de la société médiévale, maintenir l'ordre, du moins s'estiment-ils désignés pour cela. On se salit les mains à ces sortes de tâches, et le fait est qu'ils s'encrassent de pied en cap, au point de n'être plus guère présentables. Ils exaltent le renoncement et ne cessent de se compromettre en haute et basse politique. Ils prêchent la pauvreté et lèvent l'impôt, regorgent d'or, s'empiffrent effrontément à quelques enjambées de leurs serfs affamés. Leurs actes démentent leurs paroles. Leur vérité n'est plus audible.

Il y a quelque chose d'essentiellement inconciliable entre la préoccupation politique et la soif spirituelle, entre les nécessités du pouvoir et les exigences de l'amour, entre le désir d'asseoir son règne dans le monde et l'intense verticalité de la flamme divine au cœur de l'être. Depuis le fond des temps Antigone et Créon sont ainsi face à face, chacun inaccessible aux paroles de l'autre. Depuis le fond des temps les religions d'État enfantent l'hérésie. Qu'elles mettent la main aux affaires terrestres et se détache d'elles une part insurgée, la plus précieuse peut-être, et la plus vulnérable, celle qui craint pour cette espérance sacrée que l'on appelle Dieu, et qui redoute de voir Sa source troublée par la vase des profondeurs imprudemment remuée. Nous avons tous en nous ce désir, cette tension déraisonnable et pourtant vitale vers une lumière sans mélange, transparente, simple. Nous l'avons toujours eu. Je crois les hérésies nées de ce désir-là, dès qu'il se sent trahi par ceux qui vont au monde.

Pourquoi les gens du peuple entendent-ils les prédicateurs cathares ? Non point parce qu'ils estiment leurs arguments recevables (les comprennent-ils seulement ?), mais parce que ces hommes leur apparaissent limpides. La force qui convainc n'est pas dans les paroles, mais dans les êtres. Les Bonshommes sont accordés à ce qu'ils disent. Voilà l'important. Ils prêchent la pauvreté, et ils sont pauvres, la chasteté, et ils sont chastes, le mépris des pouvoirs, et ils n'en ont aucun. Ils gagnent leur pain à la sueur de leur front, comme leurs frères humains. Ils incarnent l'indéracinable désir d'accord avec ce qu'ils croient être le goût de Dieu. Ils peuvent donc à bon droit poser le monde en face d'eux, désigner ses plaies, ses turpitudes, ses injustices et dire : « Voyez ces pestes et ces guerres, voyez ces pauvres méprisés, voyez ces souffrances infinies, voyez cette terre qui roule, broyant sans cesse ses enfants. Dieu ne peut avoir fait cela. » Leur voix sonne juste. Je ne sais si elle dit la vérité, mais elle a la force d'une musique juste parce que l'âme, la parole et les actes y sont à l'unisson.

Les prêcheurs de la nouvelle foi sont donc entendus avec bonheur sur les places des villages. Ils font du bien aux gens, ils les désaltèrent. Les historiens ont parfois été partagés sur leur réelle influence, en ce XIIe siècle où les débats pacifiques étaient encore possibles en Occitanie. Certains ont estimé que l'épidémie hérétique ne contamina qu'un pourcentage somme toute négligeable de la population. C'est un défaut de notre temps de considérer le nombre de gens atteints par un événement comme le signe décisif de son importance. L'essentiel, me semble-t-il, est plutôt de mesurer la profondeur de sa trace, et il est indéniable que le catharisme toucha profond, si profond que sa voix résonne encore en notre siècle avec une force qui m'apparaît plus assourdissante que jamais. Il y a peu, au détour d'une rue, j'ai rencontré ce graffiti inscrit en lettres noires sur une muraille anonyme : « Si Dieu existe, je le hais. » Me sont aussitôt revenues en mémoire ces phrases autrefois lues dans les registres d'Inquisition de Pamiers, et jamais oubliées : « À la pensée d'un Dieu qui aurait créé mille âmes pour en sauver une et damner les autres, Pierre Garsias s'indignait et déclarait que s'il tenait ce Dieu-là entre ses mains il le briserait, il le déchirerait avec ses ongles et ses dents. Il le traiterait d'être perfide et trompeur et lui cracherait au visage. » Sept siècles séparent les paroles de cet hérétique médiéval et celles de ce probable adolescent qui un soir de nos jours ordinaires a maudit sous nos fenêtres éteintes ce dieu-là qui fit le monde. Combien d'êtres semblables à cet enfant sans secours avons-nous croisés hier, croiserons-nous demain ? Combien sont-ils qui désespèrent parce qu'on ne leur a jamais dit que Dieu n'est pas de ce méchant chaos où il nous faut vivre mais du jardin secret où sont les sources sûres et le désir d'aimer contre toute raison ? Savent-ils, savons-nous qu'ils portent sur le monde le même regard que Pierre Garsias, que les gnostiques errants, que les orphiques grecs ? Il faut croire que le temps de l'âme n'est pas celui qui va et dévore nos ans. Depuis le fond des âges les mêmes questions, les mêmes appels rebondissent de siècle en siècle, les mêmes attentes s'éternisent, les mêmes êtres espèrent et ne vieillissent pas.

À la fin du XIIe siècle le catharisme est assez fermement enraciné en Occitanie pour que s'alarment les autorités tant civiles qu'ecclésiastiques. Saint Bernard[1], d'abord : « Les églises sont sans prêtres. Les prêtres n'ont plus le respect qui leur est dû. On méconnaît la sainteté du sanctuaire de Dieu et les sacrements ne sont plus regardés comme sacrés. » Le pape Alexandre[2], ensuite : « Une damnable hérésie s'est élevée depuis longtemps dans le pays de Toulouse d'où elle a gagné la Gascogne et les autres provinces. C'est pourquoi nous ordonnons, sous

---

1. Saint Bernard, au comte de Toulouse, Alphonse Jourdain.
2. Alexandre III. Canon promulgué au concile de Tours en 1163.

peine d'excommunication, aux évêques et aux clercs du pays d'y apporter toute leur attention et d'empêcher qu'on ne donne retraite aux hérétiques et qu'on n'ait commerce avec eux, soit pour vendre soit pour acheter. » Le comte Raymond V de Toulouse[1], enfin : « Cette hérésie a tellement prévalu qu'elle a mis la division entre le mari et la femme, le père et le fils, la belle-mère et la bru. Ceux qui sont revêtus du sacerdoce se sont laissés corrompre. Les églises sont abandonnées et tombent en ruine. On refuse d'administrer le baptême. L'eucharistie est en exécration et la pénitence méprisée. On tient pour illusoire la résurrection de la chair. En un mot tous les sacrements sont anéantis, et on introduit dans les esprits la croyance que la création est le fruit de deux principes. Pour moi qui suis armé des deux glaives et qui me fais gloire d'être établi en cela le vengeur et le ministre de la colère de Dieu, je cherche en vain le moyen de mettre fin à de si grands maux, et je reconnais que je ne suis pas assez fort pour y réussir, parce que les plus notables de mes sujets ont été séduits et ont entraîné avec eux une grande partie du peuple, en sorte que je n'ose ni ne puis rien entreprendre. »

Dans le même temps se tient un concile cathare décisif à Saint-Félix-de-Caraman, près de Toulouse. Nikétas, l'évêque bogomile de l'Église de Constantinople, y rencontre ses confrères du nord de la France et les délégués des communautés de Toulouse, de Carcassonne, du val d'Aran. De nouveaux dignitaires sont élus. Nikétas prêche à tous une

---

[1]. Lettre de Raymond V, comte de Toulouse, au chapitre général de Cîteaux, 1177.

union sans faille et une intransigeance monolithique. Le temps n'est plus aux nuances. L'affrontement, dit-il, n'est plus évitable. Tous les Purs d'Europe doivent donc être solidaires et défendre farouchement le même dogme, qu'il énonce à peu près ainsi : deux maîtres de même taille gouvernent l'univers. L'un règne sur toutes choses visibles, l'autre sur l'invisible Esprit. Entre les deux royaumes la frontière est infranchissable. Satan sort grandi de ce concile. Il n'est plus le fils égaré de Dieu mais son contraire, et son égal.

Voilà qui n'est plus guère chrétien. Face à l'Église de Rome se dresse désormais une Église rivale. Les chercheurs d'infini tombent du ciel et entrent dans le monde. En vérité, à cet instant indécelable où est franchi le seuil, ils sont déjà perdus. Peut-être, pour certains d'entre eux, le savent-ils, et vont-ils bravement au martyre. N'ont-ils pas dit cent fois que Dieu ne pouvait rien sur les terres du diable, sauf être, et être encore, au-delà des pires chemins ? La guerre, désormais, est dans le vent qui vient.

De cette fin du siècle où je suis, il me faut maintenant suivre ces hommes jusqu'à leur dernier souffle et plus loin s'il se peut, jusqu'à leur survie, ou leur renaissance. L'histoire que leurs paroles, leurs actes, leur sang ont écrite n'est pas la mienne, certes, et pourtant elle est en moi aussi sûre que les battements de mon cœur. Elle m'a indigné autrefois, au temps où ma sottise enthousiaste s'exaltait à trancher entre bons et méchants. J'y pressens aujourd'hui des nourritures fortes, généreuses, peut-être essentielles. On aura donc compris que je ne ferai pas œuvre d'historien (je n'en suis pas un). Je m'efforcerai simplement d'être, comme se désignait lui-même André Breton, un acceptable « chercheur de l'or du temps ».

2
Le grain cathare

Ce ne sont pas les chemins de l'épopée qui m'ont conduit au catharisme, mais ceux des Corbières désertes où n'errent plus aujourd'hui, hors des villages, que des oiseaux et des insectes dans la paix sauvage des rocailles buissonnières. C'était aux temps adolescents. J'y faisais halte parfois pour contempler alentour la garrigue que tourmentaient les chevauchées du vent. Je m'y sentais magnifiquement seul. Je me disais, debout, le front haut dans l'air vif : « ce que je vois là, cette pierre dressée, cette crête de colline aux déchirures rouges, est exactement ce que voyait tel Parfait mal botté, quand il montait là-haut, il y a sept cents ans, et quand son pas, comme le mien, faisait dévaler des cascades de cailloux dans ces mêmes broussailles ». J'en éprouvais une fierté étrangement vigoureuse, mon cœur battait plus amplement, et mon corps soudain emplissait le monde, tandis que je m'enivrais de ce que je croyais être un instant d'éternité.

J'allais de temps en temps visiter Déodat Roché dans son village d'Arques. Aujourd'hui encore notre première rencontre demeure en moi comme une porte ouverte sur une sorte d'ébahissement lumineux. J'avais 15 ans. Il en avait bien 80. Je me souviens de sa veste grise boutonnée sur presque plus de corps, et de sa haute taille, et de son regard bleu. Je me souviens de sa main sur mon épaule quand il m'a fait entrer dans sa maison, de sa bonté attentive, de ma certitude simple et déraisonnable d'être aimé de lui. Je me souviens surtout d'un beau silence, entre nous, dans sa bibliothèque aux volets croisés. M'a-t-il parlé ? J'ai presque tout oublié de ce qu'il a pu m'apprendre, et je ne l'ai pas vu souvent, mais plus j'avance en âge plus je le sens en moi présent, sans pesanteur aucune, plus je sais qu'il fut là, toujours, intimement.

Il fut l'un de ceux qui rappelèrent les cathares à la mémoire de notre siècle. Il fut le premier à me dire le nom de ces hommes lointains et pourtant étrangement familiers. C'est sans doute pourquoi leur bouleversante traversée du monde a toujours eu pour moi, avant tout, un parfum ombreux et chaud de maison campagnarde. Je n'ai tenté d'approfondir leur histoire que quelques années plus tard, au temps où une poignée de jeunes occitans affamés comme des ânes au désert se mirent à gratter furieusement leur terre à la recherche de racines nourricières. La tentation fut grande de magnifier ces ancêtres que l'on nous avait cachés, et de nous exalter de leur martyre. J'y ai succombé, avec d'autres. Il me fallut attendre que ma mémoire s'épure, que ces êtres remués retrouvent leur juste place dans mon cœur, et que s'impose enfin le désir tâtonnant de comprendre vraiment, de sentir, de toucher au plus près ce qu'ils eurent à vivre.

Ils ne furent pas sans cesse persécutés. Il ne serait pas juste que la grandeur tragique de leur destin terrestre nous fasse oublier ce qu'ils voulurent être avant d'entrer dans l'histoire, et dans nos songes. Il fut un temps où ils purent, à bon droit, se croire forts. À la fin du XIIe siècle, l'Inquisition n'avait pas encore assis son règne sur le peuple et les cathares n'étaient plus de ces errants mystiques qui vont prêchant leur foi sans souci de ce monde, sans autre appui qu'au ciel. Ils étaient parvenus, par la seule force de leur parole, à se tailler un territoire somme toute enviable dans la société occitane. Depuis la visite de Nikétas en Occitanie leur hiérarchie était solidement établie, leur dogme indiscuté, leur rituel précis. Des évêques gouvernaient les communautés régionales. Ils administraient les affaires souvent florissantes de leur Église qui vivait sans peine des dons de ses fidèles. Ils veillaient aussi à la rigoureuse droiture des Parfaits. Car devenir un conducteur des âmes, chez ces gens de haute exigence, n'allait pas sans douleurs et durs renoncements.

Comment donc s'élève-t-on, en ce temps-là, de la condition de croyant ordinaire à celle de chrétien confirmé ? Le novice doit d'abord être jugé digne des charges parfois explosives, en tout cas écrasantes qu'il lui faudra porter, sans jamais espérer les déposer en route, jusqu'à l'instant de les remettre à Dieu. S'il est estimé assez solide pour ne point faillir, il doit mourir à son ancienne vie. Il est pris en charge par un Ancien qui lui apprend un métier d'artisan (celui de tisserand est fréquemment choisi) et lui fait réciter, tous les jours que Dieu fait, l'évangile de Jean. Qu'il sache lire ou non, il doit savoir le dire. Ensuite, peu à peu, son être est affiné. On lui interdit la viande et les plaisirs du corps, il souffre trois carêmes, il étudie les textes fondateurs de sa foi. Après au moins un an de ces strictes pratiques (parfois plus, selon l'âge et la hauteur de l'homme) vient le jour entre tous mémorable.

La communauté est assemblée dans la maison de l'Ancien. Le maître de maison demande aux «bons croyants» leur accord, à voix haute : le novice, à leurs yeux, est-il assez lavé des souillures du monde pour mériter le nom de Pur parmi les Purs ? L'approbation de tous ouvre la cérémonie. Chacun offre ses mains aux ablutions d'eau claire. Après quoi, le Rituel de Lyon[1] ordonne ainsi les choses : «L'un des Bonshommes, celui qui est après l'Ancien, fait trois révérences à l'Ancien. Il dispose un plateau sur une table et fait encore trois révérences. Il met une serviette sur le plateau et s'incline à nouveau trois fois. Il place le Livre sur la serviette et dit : *Benedicite parcite nobis*. Enfin, le novice fait son *melioramentum* et prend le Livre (le Nouveau Testament) de la main de l'Ancien.» Alors l'Ancien s'adresse, par son prénom, à l'ordonné. «Quand vous êtes devant l'Église de Dieu, lui dit-il, vous êtes devant le Père, le Fils et le Saint-Esprit. Car Église signifie Réunion, et là où sont les vrais chrétiens, là est le Père, le Fils, et le Saint-Esprit.» Il lui rappelle aussi la trahison de Satan, le malheur de la Chute et l'emprisonnement dans nos pesanteurs basses. Il lui expose enfin le sens caché du *Pater*. «Nous vous livrons cette sainte oraison, lui dit-il, pour que vous la receviez de Dieu,

---

1. Rituel de Lyon, in *Le Nouveau Testament au XIIIe siècle en langue provençale suivi d'un rituel cathare*, éditions Clédat, Paris, 1887 et Genève, 1968.

de nous et de l'Église, et que vous ayez le pouvoir de la dire tout le temps de votre vie, de jour et de nuit, seul et en compagnie, et que vous ne mangiez ni ne buviez jamais que vous ne disiez cette oraison d'abord. » « Je la reçois de Dieu, de vous et de l'Église », lui répond l'ordonné. Il s'incline trois fois. Il dit : « Dieu vous accorde bonne récompense du bien que vous m'avez fait pour l'amour de Dieu. » Sur ces mots se clôt la cérémonie. Un nouvel être est né dans le cœur des croyants.

Le Parfait a désormais le droit et le devoir d'offrir aux bons chrétiens le *consolamentum*. Il l'a reçu lors de son ordination, il doit maintenant l'administrer, quelles que soient les circonstances, aux mourants qui le demandent. Qu'est-ce donc que le *consolamentum* ? Un rite de purification. Une infusion de l'Esprit-Saint par imposition des mains sur la tête du consolé. « Vous devez entendre qu'il vous faut aimer Dieu avec vérité, douceur, humilité et miséricorde, avec chasteté et autres bonnes vertus, dit l'officiant. Faites ce vœu à Dieu que vous ne mangerez jamais sciemment ou volontairement du fromage, du lait, de l'œuf, ni de la viande, qu'elle soit d'oiseaux, de reptiles ou d'autres bêtes, car toute viande est interdite par l'Église de Dieu. Et faites aussi le vœu d'endurer la faim, la soif, le scandale, la persécution et la mort, toutes choses que vous supporterez pour l'amour de Dieu et pour votre salut. » Il peut se faire que le moribond ainsi chapitré ne trépasse pas et reprenne vigueur. Revient-il sans souci à sa vie ordinaire ? Non. Le *consolamentum* l'engage sans retour. Il n'a donc d'autre choix que d'observer jusqu'à sa mort les obligations d'un Parfait.

Le porteur d'Esprit-Saint est éminemment respecté de ses ouailles. Ses jours sont ponctués de prières, de rites. Où qu'il soit accueilli, devant lui les croyants s'inclinent, s'agenouillent et demandent trois fois le *melioramentum* : « *Benedicite* seigneur, la bénédiction de Dieu et la vôtre, priez Dieu pour nous. » À quoi le Pur répond : « Que Dieu te délivre de male mort et te mène à bonne fin. » Il dit et offre le baiser de paix, qui se donne parfois, entre hommes, bouche à bouche, manière d'échanger le souffle de la vie, de transfuser l'Esprit, et de joindre les âmes.

Faire une bonne fin, sortir lavé de tout ce qui pèse et salit, voilà bien le souci majeur de ces hommes maigres au cuir tanné par le vent des chemins. Car la vie continue au-delà de ce monde, infiniment plus vaste que nos tuniques de chair, que nos années terrestres, que la portée de nos regards. C'est là pour eux une évidence. Et cela témoigne peut-être d'une simplicité d'âme que nous pourrions envier, nous que le désir effréné de tout comprendre ne conduit trop souvent qu'aux errances du doute. Le peuple, en ce vieux temps, est obsédé de Dieu. Deux hommes, sur la route, en parlent obstinément. Trois autres, un jour de pluie sur la place d'un bourg, doutent de Ses bontés, mais point de Sa présence. Des femmes, sur un seuil, se demandent où était l'enfant qui tiraille leur jupe, avant qu'il vienne au monde. Leurs paroles inquiètes, leurs suppositions, leurs rêveries traversent sans cesse les registres d'Inquisition. Ils s'interrogent, et l'on peut imaginer, dans leur regard, des questions infinies, mais l'existence de leur Père divin est en eux aussi indiscutable que celle de leur comte dans son château toulousain. Et si les plus savants de ces chercheurs de vérité furent certes plus pauvres que nous en connaissances sûres, il est permis de penser qu'en eux fut à profusion cette sorte de lumière confiante qui seule peut laisser pantoise la raison et traverser bravement les nuits les plus obscures.

En tout cas, ils furent moins soucieux de démontrer Dieu que de servir Celui dont ils sentaient la présence dans chaque battement de leur cœur, et le fait est que pour beaucoup ils se révélèrent, dans leur débâcle, d'impeccables serviteurs. Me revient à l'esprit l'exemplaire trépas du Parfait toulousain Guillaume de Lanta. La croisade est passée, mais la foi de ces gens est toujours aussi ferme. Nous sommes aux temps sombres où l'hérésie survit à grand-peine aux ravages de l'Inquisition. On mène Guillaume au gibet par les rues de la ville. Il traverse la foule. Il voit parmi les gens deux fidèles muets, en larmes, impuissants. Un regard lui suffit pour dire ce qu'il veut : le *consolamentum*, d'urgence. Le temps presse. Les deux hommes comprennent. Ils courent aux moulins du Bazacle où ils savent trouver deux Parfaits clandestins, Guillaume del Soler et Raimond d'Aigremont. Ces hommes sont traqués, ils se cachent, et pourtant dès la nouvelle apprise ils prennent leur manteau et quittent leur repaire. Ils vont, vêtus de sombre, et donc reconnaissables (car ainsi s'habillaient les croyants consacrés), jusqu'au lieu du supplice. Le champ est vaste. Combien, autour du gibet, se pressent de curieux ? Quelques centaines, peut-être plus. Les deux fidèles en hâte ouvrent un chemin à leurs maîtres fragiles. Sur l'estrade le bourreau apprête sa corde. Alentour sont des soldats, les juges inquisiteurs qui ont prononcé la sentence, leurs greffiers, leurs valets, un plein couvent de moines armés de croix brandies d'où montent des cantiques. Guillaume de Lanta est là, derrière les crucifix et les piques des hommes d'armes, debout sur le dernier plancher de sa vie. Il aperçoit ses frères qui accourent parmi le peuple. Ils font halte à quelques pas, indifférents aux chants, à la rumeur des gens, aux aboiements des chiens. Ils regardent Guillaume. Guillaume les regarde. Ils savent ce qui doit être fait, ce qui doit être dit. Peut-être ne voient-ils même pas bouger leurs lèvres. Chacun à son tour murmure les paroles de la consolation. Après quoi, sans autre mot ni geste, l'un se tourne vers Dieu, et les autres s'en reviennent à ce qu'il leur reste de vie.

C'était au temps où ces gens n'avaient plus d'autre espoir que de faire une bonne fin. Faut-il les regarder comme des saints martyrs ? Nous pouvons estimer que oui, sans aucun doute. Mais dans le secret de leur âme, peut-être, après tout, ne le furent-ils pas plus qu'un voyageur devant la traversée d'un torrent furibond. Plonger dans la mort était certes effrayant et difficile mais au-delà du froid, où pour nous n'est que brume opaque, pour eux était une autre rive où les attendait un secours plus que tout désirable. Qu'auraient pensé ces hommes des émotions confuses que leurs actes remuent en nous ? Les auraient-ils comprises ? Sans doute pas. Ils avaient à cœur d'honorer des vérités essentielles. Celles qu'il nous plaît de servir ne sont qu'historiques, ou romanesques, autant dire mondaines et donc nulles, à leurs yeux. D'ailleurs, s'indignent-ils du sort qui leur est fait ? Non. Tout porte à croire même qu'ils s'en glorifient. Car ils savent, eux, que leur dernier souffle inscrit leur foi dans les mémoires futures.

À l'aube du XIIIe siècle les supplices et les bûchers sont encore rares dans les campagnes occitanes. On craint les malheurs à venir, on n'en soupçonne pas l'ampleur. Les papistes ont beau fulminer, les Parfaits sont reçus dans les familles nobles. Les hommes les tolèrent, les femmes les écoutent. C'est par elles, souvent, qu'ils entrent dans les maisons fortes, qu'ils irriguent les clans, qu'ils se font familiers des seigneurs de villages. L'influence des épouses sur leurs guerriers d'époux et des mères sur leurs rudes garçons est d'autant plus profonde qu'elle ne s'exerce point en disputes publiques mais dans l'intimité des cœurs et des coins de cheminées, ces espaces sacrés que nul ne leur dispute. Elles sont en vérité les alliées les plus sûres et les plus efficaces de ces prêcheurs de foi nouvelle qui, de fait, parlent secrètement le même langage qu'elles, celui de la source obscure qui imprègne les âmes, celui du pouvoir doux sur les soucis secrets.

Quand les Parfaits quittent les chambres hautes, ils vont par deux, vêtus de noir, prêchant sur des charrettes, ou des perrons d'églises, au bord des puits communs, dans la paille des granges, partout où l'on veut bien s'assembler autour d'eux. Qu'enseignent-ils aux gens, hors de leur dogme strict qu'ils réservent peut-être aux assemblées savantes ? Ceci, mille fois dit : Chacun de nous, ici, est un temple vivant. Quel besoin de bâtir des cathédrales ? Dieu est là, dans nos corps. Il suffit pour le voir de fermer les yeux sur le monde. La croix ? Un outil de torture. Crachez sur elle et tournez-lui le dos. Blasphème ? Si l'on avait cloué ton fils sur l'arbre de la place, honorerais-tu cet arbre ? Te prosternerais-tu devant lui ? Porterais-tu autour du cou son image, dévotement ?

Qui blasphème ? Nous qui détestons les tourments que Jésus-Christ eut à souffrir, ou ceux qui portent aux nues l'instrument de son supplice ? Ceux-là, en vérité, sont les ouailles du diable. Écoutez-les tonner qu'il faut demeurer chastes tandis que leurs catins chauffent leurs édredons. Voyez-les, gros et gras, les doigts ornés de bagues, exigeant vos trois sous pour le plaisir de Dieu, prêchant la charité sur leurs sacs de blé tendre et laissant vos enfants disputer aux chiens les os de leurs ripailles. Des bergers, ces gens-là, ou des loups sans vergogne ?

Ainsi parlent ces hommes, et ce qu'ils disent émeut et remue puissamment, car on l'estime vrai, palpable, de bon sens. Pour inscrire leur foi dans l'esprit des gens simples, ils se font pédagogues, ils content des histoires. Ainsi celle des deux errants qui avaient fait halte, un jour, sur le bord d'un ruisseau. L'un des deux s'endormit dans l'herbe de la rive. Tandis qu'il sommeillait, l'autre, assis près de lui, vit apparaître entre ses lèvres une sorte d'insecte qui s'en fut çà et là, visita l'alentour, les buissons, les cailloux, et pénétra bientôt dans un crâne de bœuf abandonné au bord du chemin. Il disparut dedans, revint par une orbite, enfin s'en retourna dans la bouche de l'homme. L'endormi se dressa et se frotta les yeux. « J'ai fait, soupira-t-il, un rêve magnifique. Je me suis vu courant dans un vaste palais aux couloirs infinis, aux murs et plafonds blancs, aux portes circulaires. » L'autre lui désigna le vieux crâne blanchi. « Voici le lieu d'où sort à l'instant ton esprit, lui dit-il. Je l'ai vu. Il était fringant comme une abeille. » Comprenez donc, concluaient les prêcheurs. Nous sommes faits d'un corps qui ne sait rien, d'une âme qui le tient en vie chaude et constante, et d'un esprit qui va et qui vient à son gré. S'il n'est pas assez pur pour s'élever vers Dieu, quand nous mourons il cherche un corps neuf où renaître. Ainsi nous retournons sans cesse à nos bourbiers jusqu'à ce que nous revienne la mémoire d'En-Haut et le désir sacré de demeurer enfin auprès du Père Saint. Alors, que nous importent le labeur et la souffrance, les injustices et les tourments qu'il nous faudra subir ! Les pires malheurs sont les bienvenus s'ils nous détournent à jamais d'ici-bas et nous aident à nous hisser jusqu'à la porte des félicités éternelles.

Tels sont les grains de foi que les hérétiques sèment parmi le peuple. Le terreau est fertile. L'Église catholique est partout compromise dans des affaires terrestres, la misère exacerbe la tentation de Dieu, la mort à tout instant moissonne, imprévisible, et voici des chrétiens qui désignent un chemin, qui redonnent un sens à la vie égarée dans les labyrinthes du monde. Ils sont droits, rigoureux, sans péché, respectables. On les suit. L'hérésie s'étend à la Gascogne, à la Bourgogne, à la Flandre, à l'Allemagne, à l'Autriche. Elle assoit son influence sur le nord de l'Italie. En Occitanie, elle s'installe dans les demeures des plus hautes familles. Les épouses de Raymond VI de Toulouse et de Raymond-Roger de Foix accueillent des prédicateurs cathares parmi leurs familiers. L'évêque catholique de Toulouse Folquet de Marseille (un ancien troubadour de maigre talent) peut bien enrager contre ces fréquentations inadmissibles. On ironise sur son passé. On tient ses colères pour négligeables. On lui oppose l'impressionnante morale des Purs.

Ces admirables-là sont-ils vraiment les frères des anges ? Ils sont pauvres, certes. Ils travaillent et vivent de peu, comme des hommes du peuple. Mais leur Église est riche, abondamment nourrie de dons, d'aumônes nobles et des biens des Parfaits, qui, à l'instant d'être consacrés, abandonnent leurs terres, leurs maisons et leurs bourses à la communauté. Que font ses trésoriers de l'argent dont leurs coffres regorgent ? Ils prêtent à crédit, ils achètent et revendent, ils ne dédaignent pas l'usure, à l'occasion. Ils pataugent un peu dans les marais du diable. Ils ne sont pas de purs esprits. Mais comment éviter les pesanteurs du monde, et ses tiraillements, et ses contradictions ? Peut-on disputer sa place à l'Église régnante et mener un peuple au Ciel sans jamais se soucier d'économie, ni de stratégie politique ? Il faudrait pour cela savoir multiplier les pains sans boulanger, ou marcher sur les eaux.

Les cathares ne désirent rien des prestiges du pouvoir, leurs espérances sont assurément plus hautes. Mais ils n'ignorent pas que si les seigneurs méridionaux les considèrent avec sympathie, c'est aussi parce qu'ils voient en eux des alliés possibles dans leur lutte sournoise contre l'excessive mainmise de l'Église catholique sur les affaires temporelles. Peuvent-ils ne point jouer de leurs irritations, de leurs jalousies parfois terriblement aiguisées ? Au temps où ils n'étaient que des vagabonds mystiques, que leur importaient la paille des granges et la rudesse des chemins ? Le sentiment de servir Dieu suffisait à illuminer leur regard. Maintenant, ils parlent devant des cheminées blasonnées et les maîtres les écoutent avec un intérêt à double fond. Ils ont des soucis nouveaux, l'innocence ne suffit plus à leur survie. Ils ont, en vérité, quelque chose à perdre, et c'est bien ce qui les perdra.

Leur éloquence enthousiaste a rencontré le monde, et voilà que le monde les invite à risquer leur âme aux jeux du siècle et les force à placer leurs pions sur l'échiquier. Qu'importe, leur esprit demeure vertical, hors des pouvoirs offerts, des richesses terrestres, des illusions du cœur. Les troubadours sont leurs contemporains. On aimerait imaginer ces saltimbanques subtils et ces hommes austères au long vêtement noir liés par un pacte secret, au moins une amitié, une complicité de chercheurs buissonniers. Il n'en est rien. Les Parfaits et les troubadours ne cultivent pas le même champ, c'est du moins ce qu'affirment les historiens. Je crains cependant que leur souci légitime d'ordonner le passé, de planter chacun à sa juste place, de voir, dans ces lointains, aussi clair que possible ne les force parfois à d'excessives timidités.

La vie est infiniment plus mouvante et aventureuse que n'ose en dire l'histoire. On n'a, certes, décelé aucune connivence dogmatique entre l'idéal courtois et l'exigence cathare. Mais je peux à bon droit supposer mille rencontres entre ces pacifiques ennemis des pesanteurs de leur siècle. La langue, le pays, l'époque, l'air du temps, n'est-ce rien en commun ? Est-il sage de croire qu'aucun Parfait jamais n'a parlé de sa foi à quelque troubadour, qu'aucun ne fut curieux des sentiments de l'autre, qu'aucune sympathie ne fut jamais entre eux ? « Dieu est présent en nous, prisonnier de nos corps », dit le cathare. « Notre maître est l'amour, répond le troubadour. Il est là, dans nos cœurs. Sans doute notre Dieu est-il plus orné que le vôtre, plus plaisant, plus voluptueux. Mais il veut qu'on le serve. Il nous élève aussi. » « Nous prions, vous chantez, dit le Parfait, têtu. Nous adorons l'Esprit qui n'a ni corps ni sexe, vous exaltez la femme. Aucun pont entre nous ne peut être jeté. » « Bien sûr, lui répond l'autre. Mais ne méprisez pas ce feu qui nous anime. Nous, hommes de désir, souhaitons assurément être aimés d'une amie. Pourtant, s'il n'en est rien, nous chanterons encore, sans espoir de plaisir, pour l'amour de l'amour. Car plus haut que toute femme, plus haut que toute jouissance éphémère est cet élan du cœur qui nous pousse hors de nous. »

Les uns, pour l'honneur de leur Dieu, allèrent jusqu'au bûcher, les autres non. Ils avaient en commun une palpitation, un remuement sacré, mais chacun ne pouvait percevoir que le sien. Et j'imagine que s'ils se parlèrent ainsi, ce fut au seuil d'une porte battante. Les uns allaient partir, les autres arrivaient. Curieusement, c'est à l'instant où les prêcheurs cathares se détournent des cruautés terrestres et s'apprêtent à s'évanouir en fumée que les troubadours allument dans ce même pays la flamme inverse de celle des bûchers, celle d'une espérance nouvelle. Ils inventent le sentiment amoureux. A-t-on assez dit qu'au cours des sept siècles qui nous séparent d'eux, l'histoire du couple occidental n'a rien engendré de plus heureux ? Avant que ne naisse le chant d'amour courtois, la femme est au mieux une mère féconde, au pire une créature du diable. L'honneur, l'amitié forte et le compagnonnage sont affaires viriles. Le désir est au ventre, le sentiment aux hommes. Les troubadours surviennent. Ils osent regarder celle qu'on croit indigne de l'attention du cœur. Ils découvrent un être nouveau : l'amie plus proche que le frère. Où n'était que famine d'homme ils font naître un regard d'amant. Ils illuminent ainsi durablement le monde.

D'où vient ce vent nouveau ? Probablement de l'Orient arabe. Il suffit d'écouter la voix de ses poètes. Ibn Hazm (XIe siècle) : « Quelqu'un, voyant la vieillesse grisonner sur mes tempes et les boucles de mon front, m'a demandé mon âge. Je lui ai répondu : "L'espace d'un souffle, tel est mon âge. Car en vérité je ne compte pour rien le temps que j'ai par ailleurs vécu." Il s'est exclamé : "Que dis-tu là ? Explique-toi. Voilà bien la chose la plus émouvante qui soit." Je dis alors : "Un jour, par surprise, j'ai donné un baiser furtif à celle qui tient mon cœur. Si nombreux que doivent être mes jours, je ne compterai que ce court instant, car il a empli ma vie." » Et Ibn Zaidoun : « Attends ma visite à l'heure où le ciel s'obscurcit, car la nuit garde les secrets. Ce que je ressens pour toi, si la lune l'éprouvait, elle ne se montrerait pas. Si la nuit l'éprouvait, elle retiendrait ses ténèbres. Si l'étoile l'éprouvait, elle ne chemineraît plus dans la nuit. » En ce temps-là erre déjà sur les chemins des caravanes, l'amoureux de Leila, Majnun au cœur brûlé. Un jour, dit un vieux conte, comme il est accroupi sur le bord de sa route à fouiller la poussière, un homme vient à lui et lui dit : « Ô Majnun, que fais-tu donc ainsi ? – Je cherche ma Leila », répond Majnun le fou. L'homme rit, il s'étonne, il désigne le sol. « Comment ta bien-aimée pourrait-elle être là, parmi ces grains de sable ? » Majnun lève vers lui ses yeux et ses deux mains où la terre ruisselle entre ses doigts ouverts : « Je cherche partout Leila, dit-il, dans l'espoir de la trouver un jour quelque part. »

« Suis-je fou ? Jour et nuit sont à mes yeux semblables. La flèche de l'amour s'enfonce dans mon corps sans cesse plus profond », s'écrie Yunus Emré, mais lui est un derviche, un mystique, un soufi, et c'est Dieu qui l'émeut. De qui, en vérité, parle Majnun, et avec lui ces amants excessifs, arabes ou provençaux qui chantent éperdument l'amour toujours lointain ? Et qu'est-ce que chanter « pour l'amour de l'amour », comme le veut Raymond de Miraval ? Où mène donc la *Fin'Amors*, sinon au service de ce quelque chose qui fait le cœur ailé, et que l'on appelle l'exaltation spirituelle ? Au-delà des mondanités de l'amour courtois, des parades érotiques et des brumes sentimentales, les troubadours, au fond du ciel, trouvent finalement la Vierge, la Dame majuscule, la plus haute expression de la féminité, qui nous tire hors du corps sans éteindre le cœur. C'est elle et aucune autre qu'ils chantent, à la fin de leur siècle de gloire, comme si elle les attendait là, patiemment, au bout de leur route.

Les cathares sont loin de ces gens trop aimables et sans doute, pour eux, trop occupés du monde. Et pourtant les uns et les autres furent touchés par ce désir d'ailleurs qui fait les fous, les saints et les assoiffés perpétuels. Dans ce temps émouvant, dans ce pays rugueux où l'Église étend son manteau et fait s'agenouiller, dans son ombre, les gens, deux traits de lumière s'élèvent. L'un est droit comme une lame. L'autre est plus vagabond, il va et vient au vent. Ils n'ont rien en commun, sauf qu'ils trouent les nuées.

Les papistes s'en effraient. Ils n'aiment pas les troubadours, qu'ils soupçonnent de pervertir les âmes. Mais eux, au moins, ne chassent pas sur leurs terres. Ce n'est pas le cas de ces hérétiques qui offrent aux gens ces biens intimes dont les prêtres et les évêques sont désormais dépourvus : une règle de vie, une espérance haute, une morale pure, bref ce qu'il faut de sûr, de franc et de sacré pour supporter le monde. Comment donc les combattre ? Un homme arrive avec une idée forte et simple : Dominique de Guzman. Il vient de la Vieille-Castille. Il écoute prêcher, çà et là, des Parfaits. Qu'entend-il ? Que les pasteurs papistes sont des prostitués, qu'ils sont riches à crever, qu'ils sont des porcs puants vautrés dans la débauche, qu'ils sermonnent les pauvres assis sur des chevaux harnachés de cuir fin. En vérité, le clergé d'Occitanie n'est pas plus corrompu qu'ailleurs, et ses prêtres ne se conduisent ni mieux, ni plus mal qu'aux temps où ils étaient les maîtres des paroisses. Mais le fait est que les gens ne les supportent plus. « La leçon est sévère, dit Dominique aux siens, mais elle peut être profitable. Si nous voulons reconquérir nos ouailles, il nous faut revenir à nos vertus premières, la sainte humilité, la pauvreté, la vraie. Prenons donc nos bâtons de pèlerins du Christ, allons le long des routes, pieds nus, besace plate, riches de foi et de rien d'autre. Parlons à hauteur d'homme, et avec l'aide de Dieu nous retrouverons le chemin des âmes. » Le pape l'approuve. En 1207, il donne l'ordre au prieur de Cîteaux de suivre cet homme qu'aucun doute n'entame. Une troupe d'abbés cisterciens se répand aussitôt en Occitanie, porte de ville en village sa bonne parole, affronte sans broncher les sarcasmes du peuple, défie les hérétiques en disputes publiques. Il est trop tard. L'hérésie cathare est trop vivace pour que le seul souffle de Dominique et de ses moines puisse l'arracher de cette terre où elle est désormais enracinée profond.

Il est des heures, dans l'histoire d'un peuple, où l'on sent inévitable l'insurrection des forces noires.

On ne peut rien que l'attendre, car on sait qu'aucune parole, aucune prière, aucun acte de foi ne saurait la contenir. En janvier 1208, le destin du pays est brusquement scellé d'un coup de javelot. Raymond VI de Toulouse est à Saint-Gilles, en Provence. Depuis une dizaine d'années, ne passe point une saison que des querelles de chiens féroces ne l'opposent aux autorités ecclésiastiques. Il ravage des églises, réquisitionne des abbayes, dispute à tel évêque un château, une terre. Le pape gronde, menace, s'impatiente, finalement frappe ce fils indigne d'excommunication, d'interdit et d'anathème. La sanction, en ces temps, est on ne peut plus grave. Voilà Raymond contrit, toujours rogneux mais prêt à demander pardon, fût-ce du bout des lèvres. En Provence est un légat, Pierre de Castelnau, chargé par le Saint-Siège de ranimer la foi « dans ce pays pourri par de folles croyances ». Raymond lui fait savoir qu'il veut lui parler, le convoque à Saint-Gilles, un instant se soumet, fait la bête fidèle puis relève le front, refuse le licou, renâcle, s'encolère. L'entretien tourne mal. Castelnau et ses gens, rebutés par les soubresauts ombrageux de leur hôte, décident de quitter les lieux sans rien conclure. À l'instant où il franchit le seuil, Raymond brandit le poing et lui promet, où qu'il aille, le pire temps qui soit.

Au soir de ce jour, Pierre de Castelnau et son escorte font halte dans une hôtellerie, au bord du Rhône. Le lendemain matin après la messe, comme il s'apprête à traverser le fleuve avec ses moines, une poignée de cavaliers surgit de la brume, les javelots brandis, et traverse ces gens à grands coups d'éperons. L'échauffourée ralentit à peine leur chevauchée. Castelnau tombe, la poitrine trouée. Tandis que son meurtrier s'éloigne le long de la rive, le dos courbé, enfermé dans sa troupe compacte, il l'absout d'un souffle à peine entendu des frères qui l'entourent. « Que Dieu te pardonne, dit-il, comme je t'ai pardonné. » Telles sont les dernières paroles du premier mort de la croisade.

Le pape, lui, ne pardonne pas l'assassinat de son légat. À peine la nouvelle apprise il écrit, le 10 mars 1208, à tous les princes et les barons de la chrétienté (« nos fils bien-aimés les nobles hommes ») une lettre incendiaire. Il expose longuement les circonstances de l'attentat, sans en omettre rien. Il accuse le comte de Toulouse, ce « ministre du diable », d'avoir ordonné le forfait, et d'avoir royalement payé les sbires chargés de l'accomplir. Il appelle sur eux la vengeance divine, et promet la rémission de leurs péchés « à tous ceux qui prendront vaillamment les armes contre ces pestiférés ennemis de la vraie foi et de la paix ». Il entonne enfin le chant tonitruant du chef de guerre enfin autorisé à débrider ses meutes carnassières : « En avant, chevaliers du Christ ! En avant, courageuses recrues de l'armée chrétienne ! Que l'universel cri de douleur de la sainte Église vous entraîne ! Qu'un zèle pieux vous enflamme pour venger une si grande offense faite à votre Dieu ! Souvenez-vous que votre Créateur n'avait nul besoin de vous quand il vous créa. Mais bien qu'Il puisse se passer de votre concours, néanmoins, comme si votre aide lui permettait d'agir avec plus d'efficacité, comme si votre carence affaiblissait sa Toute-Puissance, il vous donne aujourd'hui l'occasion de le servir d'une manière qui soit digne de Lui. Appliquez-vous à détruire l'hérésie par tous les moyens qu'Il vous inspirera. Avec plus d'assurance encore que les Sarrazins, car ils sont plus dangereux, combattez les hérétiques d'une main puissante et d'un bras étendu. (...) Dépouillez-les de leurs terres afin que des habitants catholiques y prennent leur place, et conformément à la discipline de la foi servent Dieu dans la justice et la sainteté[1]. »

Étranges paroles pour un vicaire du Christ. Quel Dieu, en vérité, mêle-t-il à ces basses affaires ? Pour les cathares, la réponse ne fait guère de doute. Ils peuvent intimement triompher, en attendant leur martyre. Un siècle de tueries commence au nom de Celui qui ne sait parler que d'amour.

---

1. Bulle du pape « donnée au Latran le 6 des Ides de Mars (10 mars 1208), l'an XI de notre pontificat », citée par Pierre des Vaux-de-Cernay, *Historia Albigensis*, traduction de Pascal Guérin et Henri Maisonneuve, Vrin, Paris, 1951.

3
Le déferlement

Après qu'il eut appris l'assassinat de son légat, on dit que le pape demeura deux jours prostré en prières muettes. Quand enfin il sortit de son accablement, il appela quelques-uns de ses proches dans sa chapelle. Douze cardinaux de sa suite et frère Arnaud, l'abbé de Cîteaux vinrent avec maître Milon, entre tous estimé pour sa science éloquente. Ils prirent place autour de lui. Dans ce cercle feutré fut décidée la guerre. À peine dit le mot, l'abbé de Cîteaux se dressa droit près d'un pilier de marbre, et dit à son Pontife : « Seigneur, par saint Martin, assez de bavardages. Il vous faut maintenant dicter à vos greffiers des lettres en latin. Dites ce qui doit être et je me mets en route. Je porterai vos ordres en France, en Limousin, en Poitou, en Auvergne et jusqu'en Périgord. De notre saint pays jusqu'à Constantinople faites que les croisés soient absous de leurs fautes futures et passées. Que le sans-croix n'ait droit ni de boire du vin, ni de manger sur nappe, ni de porter habit de lainage ou de lin, et s'il crève, qu'il soit enterré comme un chien. Ainsi parla l'abbé, et chacun approuva ses puissantes paroles[1]. »

Le pape envoie donc en France deux nouveaux légats : Milon, son ami proche, et maître Thédise, le chanoine de Gênes. Leur première visite est pour le roi Philippe Auguste qu'ils rencontrent à Villeneuve en Sénonais, le 1er mai 1209. Partir en guerre contre des mal-croyants, aux frontières d'Espagne ? Philippe renâcle. Le meurtre de Pierre de Castelnau et l'infection hérétique qui enfièvre le comté de Toulouse sont pour lui des soucis aussi lointains qu'accessoires. Othon, l'empereur germanique, et Jean, le roi d'Angleterre campent sur les flancs de son royaume. Voilà qui l'inquiète beaucoup plus. Conduire son armée au secours de l'Église et laisser le champ libre à ces « deux grands lions » voilà qui serait, à l'évidence, une imprudence grave. Il n'accepte donc point la croix que maître Milon le presse de coudre sur son habit, mais comme il serait malséant de lui refuser toute assistance, il permet à ceux de ses vassaux qui le désireront d'aller en bons chrétiens servir la papauté dans ce midi bizarre.

Milon et Thédise convoquent alors le comte de Toulouse à Valence. L'autre accourt aussitôt, contrit, l'oreille basse. L'orage qui s'annonce au-dessus de sa tête épouvante son œil. Faut-il qu'il s'humilie, qu'il demande pardon ? Il est prêt à le faire. Les deux légats lui ordonnent, en gage de sa bonne foi, d'abandonner au pape sept de ses châteaux provençaux. Il ne discute pas. Il en remet les clefs. Ce n'est là qu'un hors-d'œuvre au festin épineux qui

---

1. *La Chanson de la Croisade albigeoise*, adaptation de Henri Gougaud, éditions du Livre de Poche, Paris, 1989.

l'attend à Saint-Gilles. Car s'il veut être absous de ses fautes, il lui faut maintenant subir la correction que l'Église réserve à ses enfants teigneux. Le voilà donc conduit dans cette ville où Pierre de Castelnau, la veille de son meurtre, l'a durement tancé. Sur le seuil de la cathédrale sont vingt-deux archevêques, évêques et légats. Ils tiennent dans leurs bras des reliques de saints. Des centaines de gens sont alentour, muets. Ils regardent Raymond s'avancer torse nu au-devant des prélats. À voix haute et tremblante il jure sur l'hostie et sur chaque relique d'obéir désormais aux commandements de la sainte Église romaine. Après quoi maître Milon fait signe à un valet de placer son étole au cou du pénitent, et le tirant par ce licou comme un âne soumis, tandis qu'on le fouette de verges, il le fait entrer dans la maison de Dieu. Il le fait s'agenouiller devant la croix, puis il le fait descendre à la crypte où est enseveli Pierre de Castelnau. Là il le force à « passer nu auprès du tombeau du bienheureux martyr », et à « témoigner du respect au cadavre de celui qui, vivant, a essuyé son mépris[1] ».

Jamais aucun homme de son rang n'eut à subir pareil abaissement. Si Raymond serre les dents et courbe l'échine, c'est qu'il espère, au sortir de ce jour maudit, la confirmation de son règne sur les terres toulousaines. Il l'obtient. Pour preuve décisive de son bon vouloir, il prend place parmi les barons croisés. Il part en guerre contre son propre peuple. Ainsi croit-il sans doute éviter de trop cuisants malheurs. Il se trompe. Le pape accepte sa présence sous l'étendard de l'Église, mais il ne se fait aucune

---

1. Pierre des Vaux-de-Cernay, *Historia Albigensis, op. cit.*

illusion sur la sincérité de son repentir. Pourquoi donc accueille-t-il cet homme qu'il déteste ? Par calcul de renard. Tandis que son armée s'assemble au bord du Rhône, il écrit à ses évêques : « Vous m'avez demandé de quelle manière les croisés doivent se comporter à l'égard du comte de Toulouse. Nous vous conseillons avec l'apôtre d'employer la ruse. Vous ne vous en prendrez donc pas d'abord au comte, si vous prévoyez qu'il ne s'empresse pas à secourir ses pareils, et s'il est réservé sur sa conduite. Mais le laissant pour un temps, suivant l'art d'une sage dissimulation, vous commencerez à faire la guerre aux autres hérétiques, de crainte que s'ils étaient tous réunis il fût difficile de les vaincre. Par là, ces derniers étant moins secourus par le comte seront défaits aisément, et ce prince, voyant leur défaite, rentrera peut-être en lui-même. S'il persévère dans sa méchanceté, il sera beaucoup plus facile de l'attaquer lorsqu'il se trouvera seul et hors d'état de recevoir aucun secours[1]. »

Ainsi va le jeu de la guerre dans cet ici-bas bien nommé où Dieu n'est plus, s'Il fut jamais. Les croisés s'en viennent de France, d'Aquitaine, de Normandie, de Flandre, d'Allemagne. Tous se joignent à Lyon. L'armée bientôt s'ébranle. Le torrent d'hommes, de ferrailles et d'étendards qui déferle sur la Provence est le plus prodigieux que l'on ait jamais vu de mémoire chrétienne. Derrière les montures des archevêques de Reims, de Sens, de Rouen, des évêques d'Autun, de Clermont, de Bayeux, de Chartres, de Lisieux, ils sont bien deux cent mille

---

1. Innocent III, aux évêques de Couserans et de Riez, et à l'abbé de Cîteaux.

hommes, piétons et cavaliers, ribauds, porteurs d'enseignes à marcher, chevaucher et pousser des chariots en chantant des cantiques. « Qu'on m'amène le clerc capable, en vingt semaines, de les compter sans faute, et je me vends au diable ! », s'écrie Tudèle, émerveillé [1]. Il y a là les seigneurs les plus considérables d'Europe, Eudes, duc de Bourgogne, Hervé, le comte de Nevers, le comte de Saint-Pol, Adhémar de Poitiers, Pierre, comte d'Auxerre et mille autres aussi grands. Sous le soleil sec de juillet Montpellier leur ouvre ses portes. Comme ils s'y reposent avant la ruée vient au-devant d'eux un jeune homme noble à la fierté grave.

C'est Raymond Roger Trencavel. Il est vicomte de Béziers, il a 24 ans, et il n'a jamais vu pareille foule en armes. Il veut parlementer, plaider sa cause et celle de ses gens devant l'abbé de Cîteaux qui conduit la croisade. Ne dit-il pas tous les jours à Dieu : « Pardonnez-nous nos offenses, comme nous pardonnons à ceux qui nous ont offensés ? » La colère du pape n'est-elle pas d'une aveuglante démesure ? Il proteste hautement de sa fidélité à l'Église romaine. En vain. On daigne à peine l'écouter, on ne condescend pas à lui répondre. Sans doute se souvient-on que Bertrand de Saissac, son tuteur, son presque père, est un hérétique notoire. Trencavel, dépité, s'en retourne à Béziers.

Il est, pour l'heure, seul contre l'armée de la chrétienté. On s'étonne aujourd'hui que les méridionaux de Toulouse, de Foix, de Béziers, de Provence n'aient pas fait front ensemble à l'envahissement. C'est qu'ils n'ont pas le sentiment d'être les enfants

---

1. *La Chanson de la Croisade albigeoise, op. cit.*

d'une même mère patrie. Chacun, maître chez lui, veille sur sa lignée, sur son fief, sur son clan, sans souci du voisin qu'on voit sans trop de déplaisir tourmenté par des épreuves que l'on croit pouvoir éviter. Trencavel est puissant. Il fait parfois de l'ombre au comte de Toulouse. Il règne sur les terres de l'Aude et de l'Héraut. Sa ville est bien armée, ses remparts sont solides. Il a confiance en elle, ou du moins fait semblant. À peine revenu à l'abri de ses murs, il assemble ses gens, ranime les courages. Et tandis qu'on l'écoute il lâche tout crûment qu'il part à Carcassonne où ses vassaux l'attendent. « Le peuple en reste coi, tout à coup privé d'âme[1]. » On s'explique mal, en effet, cet abandon brutal. Peut-être espère-t-il que l'armée des croisés, trop lourde, disparate, se dispersera comme poussière au vent, pour peu que le siège s'éternise, et qu'alors il aura beau jeu, avec ses fidèles, de harceler ce qui restera d'elle jusqu'à l'épuiser tout à fait.

Le 22 juillet 1209, jour de la Sainte-Madeleine, l'innombrable cohorte parvient aux portes de Béziers. L'abbé de Cîteaux demande à l'évêque de la ville de prévenir ses ouailles : si tous les hérétiques qui infectent les lieux (ils sont environ deux cents) ne lui sont pas sur l'heure livrés avec leurs biens, il ne sera pas fait de quartier. Les paroles du prélat tombent en oreilles bouchées. « Les croisés n'auront rien, répondent les bourgeois, pas même un bout de gras pour astiquer leurs bottes[2] ! » L'affrontement est donc inévitable. Une forêt de tentes hérissées d'étendards aussitôt se déploie alen-

---

1. *Ibid.*
2. *Ibid.*

tour des murailles. On craint un siège long, parmi les gens du nord. En vérité, il ne durera guère.

Un matin, comme les assiégés sortent par bandes vives pour semer çà et là, dans le camp, quelques morts, le chef des valets de l'armée croisée, autrement nommé roi des ribauds, prend la mouche. Il appelle au combat sa piétaille braillarde, « et les voilà partis. Ils ne sont guère armés : une massue de bois sur l'épaule, rien d'autre, mais ils sont quinze mille à marcher aux remparts, pieds nus, la rogne au cœur et la chemise ouverte. Les uns vont aux fossés, attaquent les remparts, sapent, creusent, défoncent et remuent la caillasse, les autres font voler les portails en fétus. Les bourgeois aux créneaux s'arrachent les cheveux. Les croisés accourus se bousculent aux portes. Un torrent cuirassé s'engouffre dans la ville. Les femmes, par les rues, affolées, mains tremblantes, les hommes, les vieillards, les matrones criardes courent tous à l'église où sonne le tocsin et dans la nef s'entassent[1]. »

« Tuez-les tous, Dieu reconnaîtra les siens. » Arnaud Amaury, abbé de Cîteaux, n'a paraît-il, jamais dit ces mots dont on lui fit gloire, avant que l'Église, les siècles passant, ne les estime épouvantables. Seul parmi les chroniqueurs du temps un nommé Césaire, moine cistercien allemand, affirme que l'abbé les proféra bel et bien. Il va de soi qu'il ne lui en fait pas reproche. Guillaume de Tudèle, dans sa *Canso*, se contente de préciser qu'aucun habitant de Béziers ne survécut : « On les tua tous, faute de pouvoir leur faire pis. » Qu'importe. Le fait est que la foule est traquée jusque dans la cathédrale Saint-Nazaire où elle

---

1. *Ibid.*

a cherché refuge. Le massacre est définitif. « L'église ? Un abattoir, dit encore Tudèle. Le sang mouille les fresques. La croix n'arrête pas les ribauds : prêtres, femmes, enfants et vieilles gens, tous trucidés, vous dis-je. Dieu reçoive leur âme en son saint paradis ! Les valets de l'armée campent dans les maisons, vident buffets et coffres et se parent d'étoffes. Mais ils n'y restent pas. Les chevaliers s'en viennent et les flanquent dehors à coups de pied au cul. Les chevaux de combat et les bêtes de somme aussitôt les remplacent[1]. »

Combien de morts ? Allons, il nous faut un vrai chiffre à mettre dans nos livres. On suppute, on discute, on se veut objectif, tel comptable exagère, un autre minimise. Les historiens n'en finissent pas de faire leur marché de cadavres. Vingt mille, affirme l'un, mais il est catholique. Trois fois plus, lui répond un confrère occitan. L'horreur est-elle donc susceptible d'être froidement mesurée, pesée, estimée s'il se peut au litre de sang près ruisselant dans les rues ? N'y a-t-il pas là, dans ces comptes de croque-morts pointilleux, quelque chose qui blesse l'âme ? Le sac de Béziers ne fut certes ni le premier ni le dernier crime de l'histoire des hommes. Il fut simplement l'un de ceux qui, toute lumière éteinte dans la conscience humaine, servit le Mal absolu. Et ce Mal-là n'est pas affaire de nombre. Il est, ici, dans ce mot commun à l'apostrophe contestée (« tuez-les tous, Dieu reconnaîtra les siens ») et à l'acte avoué (« on les tua tous faute de pouvoir leur faire pis »). Qu'importe que les morts soient mille, cent mille ou cinq millions. « Tous » : là est la borne frontière entre le crime relatif et le désespoir sans remède. Car ce mot-là

---

1. *Ibid.*

suppose non point l'absence mais le refus de tout discernement. En lui est l'obscurité la plus opaque qui se puisse concevoir. Aucune parole de raison n'y peut entrer, aucune justification, aucun chemin de fuite, aucune lueur de compassion. Là est la cécité délibérée, fanatique. Là est la religion du diable, le vrai, celui qui se tient dans l'ombre des hommes et qui de siècle en siècle les emporte dans ses razzias épouvantables en leur murmurant qu'il n'existe pas.

Alentour de la ville en cendres les croisés se reposent trois jours dans la verdure de l'été. Après quoi ils plient bagage et vont à Carcassonne. Le 28 juillet, Trencavel au rempart voit s'avancer au loin les marcheurs innombrables. Il sait ce que Béziers vient de subir. Il enrage. « Que cinq cents d'entre nous, sur nos chevaux arabes, leur déferlent dessus avant la nuit tombée, dit-il à ceux qui l'environnent. Ils sont lourds. Nous pouvons les vaincre par surprise et revenir sans mal à l'abri de nos murs[1]. » C'est un impétueux, sa colère l'aveugle. Pierre de Cabaret, homme d'expérience et guerrier de bois dur, parvient à le convaincre qu'il ne faut rien précipiter. La ville est réputée imprenable. Même l'empereur Charlemagne a campé sept ans devant elle sans la pouvoir soumettre. Elle tiendra. Le jeune Trencavel ravale sa fougue. Le lendemain, le faubourg est en feu, les morts couvrent le pré autour de la barbacane qui protège l'accès à la rivière d'Aude, mais la cité résiste. Les pierriers amenés sur le bord du fossé battent en vain le rempart. Les flèches des archers embusqués aux créneaux n'atteignent pas grand monde. De part et d'autre, chacun s'installe pour un siège au long cours.

---

1. *Ibid.*

C'est alors que survient dans le camp des croisés Pierre II d'Aragon avec cent chevaliers de sa suite royale. Il arrive un soir d'août. Barons, princes, prélats sont en train de dîner « de vins et de gigots sur longues nappes blanches[1] », comme le dit Tudèle. On l'accueille à bras ouverts. Pierre, certes, n'a pas pris la Croix mais il est catholique, et nul ne le soupçonne de complaisances hérétiques. On sait cependant que Trencavel est son vassal, et qu'il n'est pas homme à négliger les devoirs d'assistance que lui impose la chevalerie. En vérité, lui seul, dans la cacophonie des armes et des haines, peut être utilement entendu tant des seigneurs du Nord que des Méridionaux. Il faut négocier, c'est la sagesse. C'est ce qu'il dit à quelques grands barons qui l'accompagnent jusqu'au pavillon du comte de Toulouse dressé dans un bosquet, au flanc de la colline appelée Pech Mary.

Le lendemain il entre dans la ville, sans armes, avec trois compagnons. Le jeune vicomte et ses chevaliers, jubilants, courent au-devant de lui. Le roi est leur ami. Tous pensent assurément qu'il vient à leur secours. Mais Pierre est renfrogné. Il est en grand souci. « Ces gens qui vous assaillent sont les plus grands barons de la chrétienté. Voyez leurs étendards, voyez leur multitude, vous ne les vaincrez pas, dit-il à Trencavel. Et vous êtes fautif en cette sale affaire. Si vous aviez chassé les hérétiques de vos terres, comme je vous l'avais ordonné, vous n'en seriez pas là. Un accord honorable est votre seul espoir. Je parlerai pour vous. Laissez-moi vous sauver. » Autour de lui chacun baisse la tête. « Sire,

---

1. *Ibid.*

lui répond le vicomte, acceptez les clefs de la cité, ses biens, sa charge d'âme. Je m'en remets à vous. »

Le roi s'en retourne au camp des croisés. Les seigneurs de l'armée et l'abbé de Cîteaux l'attendent. Ils l'interrogent. Pierre plaide auprès d'eux la cause du vicomte. « Soyez bons, leur dit-il, Trencavel se soumet à la loi de l'Église. Prenez les hérétiques, laissez-lui sa cité, et l'honneur sera sauf. » L'abbé fronce le nez. Il ricane. Il répond : « Pour vous faire plaisir, nous acceptons qu'il vive. N'en demandez pas plus. Qu'il nous livre Carcassonne. Qu'il amène avec lui, s'il le veut, quelques hommes et qu'il s'en aille au diable. » Pierre gronde, effaré : « Les ânes voleront avant que je n'accepte une telle infamie. » Mais que peut-il ? Rien. Il porte à son vassal la terrible réponse et s'en retourne en Aragon.

L'été est accablant. Les puits s'assèchent. L'accès à la rivière est bientôt interdit à ceux de la cité. L'armée croisée prend la barbacane au prix d'une journée de bataille fumante. Au soir de ce jour-là Trencavel et les siens savent qu'ils sont perdus. La chute de Béziers a poussé vers la ville d'incessantes hordes de réfugiés. Les maisons débordent sur les ruelles où les blessés pourrissent et râlent, ivres de soif. Leur puanteur se mêle à celle du bétail écorché sur les places. Les gens sont épuisés. Carcassonne se meurt. Huit jours s'écoulent ainsi. Nous voici le 15 août. À l'aube Trencavel fait abaisser le pont-levis et sort de la cité avec neuf de ses hommes. On lui a promis la vie sauve, la liberté. Il est, certes, ruiné, mais le pays est vaste, et l'avenir aussi. Peut-être espère-t-il en un retour prochain. Qui sait ? Dieu pourrait bien changer un jour d'humeur. Le jeune homme traverse le camp des croisés parmi les soudards turbulents qui le raillent et l'insultent en se poussant du coude. Il met pied à terre devant la tente du comte de Nevers où se tient chaque matin le conseil de croisade. On le désarme. Le voilà prisonnier.

Trencavel s'est rendu. La rumeur se répand dans la ville comme un vent de débâcle. Bourgeois et chevaliers, soldats et serviteurs quittent l'abri des murs. Pas une âme n'y reste. Le peuple épouvanté s'enfuit aux quatre vents. L'armée entre aussitôt dans la cité déserte. Le vicomte enchaîné est jeté dans un cachot du donjon. La parole donnée à Pierre d'Aragon est proprement bafouée. Certains, parmi les seigneurs du Nord, s'en indignent. Leurs protestations se perdent dans les cantiques et les actions de grâces. L'abbé de Cîteaux, sur le perron de la cathédrale Saint-Nazaire prononce un sermon triomphant. Il faut à Carcassonne, à la terre alentour, à ce pays malade, un chef incontesté. Il le dit. On l'approuve. Voici venu le temps de Simon de Montfort.

On a beaucoup médit de cet homme étonnant. On l'a jugé cruel, mercenaire, buté, fanatique, baron de lignée négligeable. Un voyou dur, en somme, et sans scrupule aucun. Il est vrai qu'au cours de l'assemblée plénière qui suit l'homélie de l'abbé, le commandement de la croisade est d'abord proposé à d'autres que lui : au comte de Nevers et au duc de Bourgogne, qui déclinent l'offre, au comte de Saint-Pol, qui se dérobe aussi. « Les plus grands des croisés jugent déshonorant d'accepter un tel fief[1] », dit Tudèle. Certes, Carcassonne a été prise par traîtrise. Trencavel, venu parler sans armes, s'est vu traité comme un paria. Les lois de l'honneur n'ont pas été

---

1. *Ibid.*

respectées, et les barons du Nord sont sensibles à ces sortes de manquements. Mais peuvent-ils ignorer ce qui attend l'élu, après la quarantaine imposée par l'Église ? Car ces nobles gens ne sont partis en guerre que pour quarante jours. La plupart ont hâte de retrouver leur terre et leur pays de France où, disent-ils, « sont nos cœurs, nos enfants et nos pères ». Poursuivre le combat presque seul parmi ce peuple hostile au langage incongru, dans ces Corbières arides aux canicules arabes, hérissées de châteaux qui tutoient les étoiles ? Ils sont trop bien pourvus ailleurs pour s'y résoudre. On propose à Montfort ce dangereux cadeau. Ceux qui l'ont refusé « le pressent vivement de leurs prières et de leurs conseils d'accepter ensemble et la charge et l'honneur. Comme le comte ne veut pas fléchir, l'abbé de Cîteaux recourt à ses pouvoirs de légat et lui donne l'ordre formel, au nom de l'obéissance, de se conformer à leurs demandes[1] ». Il se soumet donc, à condition que chacun s'engage à le secourir, s'il est mis en péril. Voilà l'homme doté d'un fief empoisonné, mais de belle envergure. S'est-il laissé convaincre par simple avidité de biens inespérés ? On a voulu faire passer ce puritain intraitable pour un baron subalterne saisissant l'occasion de se faire un destin. C'est trop vite oublier que le comte de Montfort est aussi, par sa mère, comte de Leicester, que son mariage avec Alix de Montmorency l'apparente à l'une des plus hautes familles de France, et qu'il est enfin gruyer du roi, charge honorifique autant qu'héréditaire qui fait de lui le gouverneur de l'immense forêt d'Yveline. Sa fortune est assise,

---

1. Pierre des Vaux-de-Cernay, *Historia Albigensis*, *op. cit.*

son renom enviable. Simon n'a nul besoin de conforter sa gloire.

Il est, en vérité, d'une piété farouche. Au temps où les légats parcouraient les pays de France et d'alentour pour rameuter les gens à leur sainte croisade, l'abbé des Vaux-de-Cernay est venu le visiter. Il l'a trouvé occupé à traiter les affaires de son domaine dans la pénombre fraîche de l'église de Rochefort. Il l'a attiré seul derrière l'autel. Il voulait lui parler droit aux yeux, en privé. Simon, passant devant le chœur, a pris le psautier sur le lutrin. Il a écouté l'abbé, puis sans autrement répondre à son discours il lui a dit, ouvrant au hasard le livre, et posant le doigt sur la première ligne : « Lisez-moi ce passage. » L'autre a lu. Le psaume désigné disait ceci : « Dieu a ordonné à ses anges de te protéger dans toutes tes voies. Ils te porteront dans leurs mains, de peur que tu ne heurtes le pied contre la pierre[1]. » Montfort s'est engagé sur l'heure.

Tel est cet homme redoutable, et bientôt plus détesté qu'un diable. Vers la fin du mois d'août il s'établit à Carcassonne où Trencavel, dans son cachot, se meurt d'irrémédiables coliques. Seuls demeurent avec lui les troupes d'une trentaine de chevaliers amis ou parents proches. La plupart des barons, leur service fini, sont retournés chez eux. La croisade est passée, elle a semé la haine et l'épouvante, mais l'hérésie cathare n'en est guère affaiblie. Quelques Parfaits et « bons croyants » ont payé leur foi de leur vie. Aucun n'est revenu dans le troupeau des ouailles papistes. Montfort, dans sa cité, est environné de citadelles hostiles. L'hiver vient. Il se

---

1. *Ibid.*

terre. On harcèle ses gens, dès qu'ils quittent l'abri de leurs murailles fortes. On leur fait une guerre de brigands. À Toulouse où Raymond s'évertue à rentrer dans les bonnes grâces du pape, Arnaud Amaury, l'abbé de Cîteaux, s'installe quasiment à demeure. Mais les homélies de cet homme à la langue de couteau ne font qu'irriter les blessures et nourrir la rage du peuple. On l'accuse (à juste titre) de pousser les Toulousains à s'entre-déchirer. Les hérétiques attisent contre lui le feu. « Ensemble, chrétiens stricts, fidèles d'autres sectes, disent-ils, faisons front, résistons aux croisés ! Tous unis nous vaincrons, sinon, adieu Toulouse ! » « Ces pourris mal croyants sont même, Dieu me garde, doctement écoutés chez le comte Raymond[1] », ajoute Tudèle.

C'est que le vent est indécis, en cette fin 1209. L'écrasante et furibonde cavalcade croisée a jeté bas nombre de petites seigneuries locales. Un nouveau nom est né pour désigner les chevaliers ruinés, jetés sur les chemins : *faidits*. Ces gens-là n'ont plus rien à perdre. Qu'ils parviennent à rassembler quelques troupes rogneuses sous leurs bannières en lambeaux, que les grands seigneurs du pays soudain aiguillonnés par leur audace s'unissent et les rejoignent, que l'un d'eux se décide enfin à conduire prestement l'insurrection et Simon de Montfort pourrait bien, un matin, se réveiller cul par-dessus tête à la porte de l'enfer. Mais l'hiver passe en soubresauts sans que nul n'attaque le loup dans son antre de Carcassonne.

Au printemps, il se risque enfin sur les routes. À une journée de marche, en pleine Montagne

---

1. *La Chanson de la Croisade albigeoise, op. cit.*

Noire, sont trois pitons abrupts. Sur leur cime trois donjons aux créneaux familiers des nuages veillent sur la garrigue : Quertinheux, Cabaret, Fleur-Espine, Pierre-Roger, ancien viguier de Carcassonne et son frère Jourdain hébergent là quelques *faidits* mêlés d'hérétiques notoires. Montfort conduit ses hommes au pied de ces murailles impassibles. Il établit son camp dans la vallée, contemple quelques jours les pentes ravinées et baisse enfin le front. S'il ordonne l'assaut, il risque de perdre, parmi ces buissons gris agrippés aux rocailles, les meilleurs de ses gens, pour un profit douteux. Il plie bagage et s'en retourne. Là-haut, sur les remparts, on jubile, on festoie. On a tort. On ignore encore que Simon de Montfort est le plus obstiné, le plus roide et peut-être, au tréfonds, le plus fou des hommes.

Un an plus tard, en mars 1211, les gens de Cabaret reçoivent, à leurs railleries, une terrifiante réponse. Ils voient arriver par le sentier montagnard, une centaine d'errants pitoyables. La face de ces gens n'est qu'une plaie sanglante. Montfort vient de prendre le château de Bram en Lauragais. Il y a fait assembler une poignée d'otages. Il leur a fait crever les yeux, couper le nez et trancher les oreilles. À un seul, leur guide, il a fait la grâce de le laisser borgne, et il lui a ordonné de conduire à Cabaret cette troupe de cauchemar à seule fin d'épouvanter ces gens qui l'avaient nargué. Pierre-Roger qui, au cours d'une escarmouche, a fait prisonnier l'un des plus proches lieutenants de Simon, Bouchard de Marly, le libère aussitôt, lui offre son plus beau cheval, lui livre son château et s'exile en Roussillon.

Pour l'heure, il ne s'attarde pas à ruminer son échec face à ces gens qu'il n'estime pas plus qu'un ramassis de voyous. S'en revient-il à Carcassonne ? Non. L'hivernage est fini, et l'ouvrage l'attend. L'Église lui a confié la mission d'arracher la mauvaise herbe qui infecte cet orgueilleux pays. Il va donc où elle est, sans questions ni détours. Il sait qu'à Minerve sont réfugiés une centaine d'hérétiques. Le voici bientôt sous ses murailles. Elles sont, selon Pierre des Vaux-de-Cernay, « d'une force incroyable ». La citadelle est plantée au bord d'un à-pic impressionnant, qui tombe droit dans le lit desséché d'un torrent. Guillaume règne, là-haut, derrière ses remparts. Sa figure est prestigieuse parmi les chevaliers du temps. C'est un ami des troubadours, qui ont parfois chanté la beauté de sa femme, et un protecteur ombrageux des cathares. Montfort installe donc autour de son repaire ses machines de guerre, ses tentes, ses soldats, ses moines, ses abbés.

C'est l'entrée de l'été. Les assauts, harcèlements et batailles sporadiques sèment partout dans l'herbe chaude des morts qui empuantissent l'ombre mouvante des arbres sous le grincement perpétuel des cigales. Minerve, peu à peu, sous la poigne de fer qu'elle ne peut pas briser, étouffe, manque d'eau, de vivres, d'air. La fournaise se fait bientôt irrespirable. Il faut négocier. L'idée germe et s'impose dans le crâne dur de Guillaume. Il propose à Montfort de lui livrer la place à la condition que soient épargnés les hérétiques qui ont trouvé chez lui refuge. « D'accord, répond Simon, mais qu'ils renoncent d'abord à leur fausse croyance et se soumettent à l'autorité de l'Église. » Certains de ses proches trouvent sa mansuétude excessive. Ils protestent. Parmi ces gens assemblés, Arnaud Amaury, l'abbé de Cîteaux, sourit négligemment. À Toulouse où tout l'hiver il a prêché les gens jouaient à singer sa douceur hypocrite. Ils ricanaient : « Hé, le matou ronronne. » Sous les murs de la citadelle à bout de forces il risque ce jour-là sa parole terrible : « Rassurez-vous, dit-il, je crois que bien peu se convertiront. » Cet homme sait ce qu'est la foi, mais il sait comme sait le diable, si froidement qu'il glace Dieu. Par malheur, il voit juste.

Le 22 juillet, les croisés entrent dans Minerve. « En tête vient la croix, puis les bannières de Montfort. Tous chantent le *Te Deum laudamus* et marchent vers l'église. On la purifie, puis on plante la croix au sommet du clocher, et l'on dispose ailleurs les bannières de Montfort. Le Christ avait pris la ville, il était juste que son enseigne fût à la première place, exposée au plus haut lieu [1]. » Cent quarante hérétiques se sont enfermés dans une maison du village. Là vient les voir après la messe l'abbé des Vaux-de-Cernay. Ce grand clerc les supplie de renoncer à leur croyance. Il leur tient un discours pressant, douloureux et probablement sincère. Personne parmi ces êtres fiers et pauvres ne paraît se soucier de lui. Tous restent tête basse. Montfort est là aussi. Il s'impatiente, il rogne. Il essaie de briser ce silence buté qui le déconcerte et peut-être, confusément, l'effraie. À ces gens en chemise crasseuse qui ne demandent rien il promet la vie sauve, pour peu qu'ils acceptent de revenir dans le giron de l'Église. Une rumeur de prière envahit la salle. Ils n'ont rien d'autre à dire qu'un *Pater*. Alors on appelle des soldats qui les poussent dehors comme un troupeau

---

1. Pierre des Vaux-de-Cernay, *Historia Albigensis*, *op. cit.*

de bêtes. Des chariots de bois sec attendent dans un champ. On les vide sur l'herbe. On allume le feu. Cent quarante hommes et femmes sont menés jusqu'à lui, et sans qu'on ait besoin de les pousser dedans, ils se donnent aux flammes. Guillaume de Minerve, avec quelques fidèles, quitte la citadelle. Il se rend à Toulouse où il fait don de sa personne et de ses biens aux Hospitaliers de Saint-Jean-de-Jérusalem. On le retrouve quelques années plus tard au siège de Beaucaire. Selon le chroniqueur de *La Chanson de la Croisade,* « il y bataille comme un lion ». Après quoi on perd sa trace.

Minerve réduite, Montfort, après une étape à Pennautier où il retrouve Alix son épouse, marche sur Termes, au plein cœur des Corbières. Ses chevaliers renâclent. Ils sont fatigués. Ils n'ont de hâte que de rejoindre leurs aimables prairies d'Île de France. Ils détestent ce pays où tout leur est hostile, les gens, le soleil, ces vallées sans ombre, ces landes épineuses apparemment infinies qui s'agrippent à leurs bottes. À tout instant peut leur déferler dessus de ces troupes sauvages qui hantent ces labyrinthes ensoleillés. Simon sans cesse ranime leur foi et leur courage. « Dieu marche à notre tête, leur dit-il. Peut-on espérer meilleur guide ? » Il parvient à Termes, enfin, sans trop de mal. « C'est un fameux nid d'aigle. Avant qu'il ne soit pris, des milliers d'âmes nues s'envoleront des bouches », dit Tudèle. Et Pierre des Vaux-de-Cernay : « Il semble humainement tout à fait imprenable. Il est bâti au sommet d'une haute montagne sur un grand rocher naturel entouré de ravins profonds et inaccessibles où courent des torrents. Ces ravins sont bordés de rochers si hauts et si réfractaires à la descente que celui qui veut atteindre le château doit d'abord se laisser glisser dans le précipice et ensuite ramper vers le ciel[1]. » Sur lui règne Raymond, teigneux comme un sanglier. Il ne craint Dieu ni diable. Tous les matins, du haut de ses remparts, il nargue les croisés, coiffé d'un heaume d'or que le soleil levant auréole de feu. Sa place forte regorge de viandes, d'huile, de sel, de farine, ses citernes débordent. Les boulets des machines de guerre installées alentour du mont s'écrasent comme pommes pourries au pied de ses murailles.

Quatre mois passent en provocations bravaches. Des contingents croisés, leur quarantaine faite, s'en retournent chez eux. D'autres arrivent d'Anjou, de Bavière et Bretagne, de Gascogne, de Normandie, et dressent dans les prés leurs tentes toutes neuves. À Termes, on tient toujours, on harcèle le camp où Montfort s'efforce de ranimer les courages, on brûle, on brise, on tue, on vole çà et là des armes, des bannières qu'on emporte là-haut, qu'on brandit aux créneaux. Vient enfin un temps sec. Il ne pleut plus. L'eau manque. Les harcèlements se font rares. Des messagers sans armes descendent un matin du château. Raymond veut bien se rendre. Il s'en viendra demain remettre à son vainqueur les clefs de son repaire. Au soir de ce jour-là, un orage s'abat, la pluie partout ruisselle, elle remplit les tonneaux, les bassines, les cuves. Raymond, au jour levé, revient à son créneau, à nouveau rit et raille, envoie Montfort au diable et reprend sa parole. Hélas, des rats crevés ont pourri ses citernes. Les assoiffés sont pris d'effroyables coliques. Ils sont à bout de forces. Ils décident de fuir. Le long d'un souterrain, à la nuit,

---

1. *Ibid.*

ils s'en vont. Raymond part le dernier. Il court, puis se ravise. «Attendez-moi», dit-il. Qu'a-t-il oublié? Nul ne sait. Il revient sur ses pas. Grave erreur. Les hommes de Montfort fouillent déjà les salles. Il est pris, enchaîné, conduit à Carcassonne et jeté en prison, où il meurt oublié.

Termes est pris. Rien ne peut arrêter ce diable de Simon, voilà ce que l'on dit partout dans le pays. L'effroi s'enracine dans les cœurs. Que l'on annonce au loin les bannières de l'ogre et les garnisons fuient. Les croisés sans combattre entrent dans les châteaux par les portes ouvertes. À Toulouse, le comte Raymond se sent impuissant, tant à chasser cet homme de ses terres qu'à conclure avec lui une paix honorable. L'hiver 1211 est doux, à peine gris. L'abbé de Cîteaux tient concile à Saint-Gilles avec les plus hauts barons de l'Église. Raymond s'y rend. Il a couru les routes avec l'armée croisée. Il a servi le pape. Il est pourtant toujours excommunié. Il espère que sa loyauté lui vaudra enfin l'indulgence de ces clercs qui entravent ses moindres entreprises. L'abbé l'accueille aimablement. «Vous m'avez livré votre terre, lui dit-il, et certes, mon cher fils, vous méritez ma bonté. Mais nous avons reçu des lettres précises de notre Saint-Père. Elles fixent les conditions de votre retour dans le giron de l'Église.» Il tend au comte un parchemin. L'autre le prend, d'un geste appelle son lecteur. Ce qu'il entend le glace. Il part, les poings serrés, sans saluer personne.

En vérité, les exigences du pape sont inacceptables. Le comte et ses vassaux doivent, pour plaire à Dieu, cesser de protéger «la sale engeance juive et les mauvais croyants», les livrer sans tarder au clergé catholique, dont la loi désormais prévaudra sur toute autre, rendre au clergé ses droits et accorder aux moines tous les biens qu'il leur plaira d'avoir. De plus, le comte de Toulouse et ses gens devront, pour expier leurs fautes, faire maigre six jours par semaine et se vêtir de drap rugueux. Remparts, donjons, châteaux seront démantelés. Défense aux chevaliers de séjourner en ville. Ils vivront désormais parmi les paysans. Si Montfort et les siens jugent bon d'occuper quelque fief toulousain, ils en auront le droit. Le seul maître pour tous sera le roi de France. Enfin Raymond est fermement invité à s'exiler en Terre sainte où il demeurera «tant qu'il plaira aux clercs et aux prélats de Rome».

Les gens, en Toulousain, apprennent ces nouvelles avec effarement. Le temps, décidément, n'est plus à la prudence, aux calculs diplomates, aux compromis boiteux. Raymond rameute ses vassaux, le comte de Comminges, le comte de Foix, Savaric de Mauléon, troubadour estimé et guerrier redoutable. Tous conviennent d'unir leurs forces et de combattre. Vient le printemps nouveau. Montfort reprend la route. On s'allie contre lui? Qu'importe. Il a voué sa vie à la Vierge Marie. Avec sa Dame au cœur, il marche sur Lavaur.

4
Montfort cœur de lion

Les plus hautes forteresses de la vicomté de Béziers sont désormais soumises. Et puisque Raymond VI s'insurge ouvertement contre l'humiliation que lui inflige le pape, refuse d'obéir aux ordres de l'Église et se dresse contre elle, il ne peut plus prétendre administrer ses terres. Voilà pourquoi Montfort pénètre en Toulousain et marche sur Lavaur.

La ville est à cinq lieues des remparts de Toulouse. Dame Guiraude la gouverne. Elle est veuve, elle est de bel âge. Elle est, comme sa mère, une adepte cathare. Son frère, Aimeri de Montréal, est auprès d'elle. Simon le tient pour un fourbe sans honneur. Deux fois cet homme lui a promis fidélité. Deux fois il l'a trahi. Pour la troisième fois le voilà qui le nargue avec, derrière lui, son troupeau d'hérétiques. Outre Aimeri, quatre-vingts chevaliers défendent les murs de la cité, où se tiennent à l'abri, dans les maisons du bourg, bon nombre de Parfaits protégés de Guiraude.

Le 15 mars 1211 le siège est mis sous les murailles. Parmi les croisés sont en foule des moines, des clercs, des évêques vêtus de pourpre, d'or et coiffés de la mitre. Tandis que les soldats manœuvrent les béliers et dressent sous les rocs qui pleuvent des créneaux des batteries d'échelles, ils agitent autour d'eux leurs encensoirs fumants, ils brandissent des croix, ils hurlent des cantiques. Leurs chants sont si glorieux, amples, tonitruants qu'ils traversent les murs de la ville assiégée, déferlent dans les rues, obscurcissent les cœurs, et les gens s'en effraient plus que du roulement des machines de guerre, et des ferraillements, et des volées de lances. Pourquoi donc ces voix-là sont-elles entendues avec autant d'épouvante que des grondements d'apocalypse ? Parce qu'aucun doute ne trouble le souffle qui les porte. Ces hommes chantent avec la certitude déraisonnable et pourtant absolue que le Ciel les entend, et qu'ils servent le Christ, et que le Christ les encourage au meurtre. Ils se trompent ? Qu'importe. Ils croient. Là est leur force. Et s'ils font peur, ce n'est pas que leur cause apparaît juste aux gens, c'est que leur conviction est tant irrésistible qu'elle les emporte dans cet au-delà de l'intelligence où s'ouvrent les territoires de la démesure invincible. Dieu n'est pas tout-puissant, c'est la foi qui peut tout, quel que soit son objet, magnifique ou terrible.

Face à la frénésie de ces extatiques, les sottises des méridionaux ne pèsent pas plus lourd qu'une chanson vaguement bravache dans les rugissements d'un ouragan. Sur une tour de bois dressée sous les remparts les soldats de Montfort ont planté une haute croix ornée de bannières. Que font ceux de Lavaur ? Ils lancent leurs boulets non point contre la tour, ou ceux qui la manœuvrent mais contre cette croix, qu'ils ne veulent pas voir. Quand ils l'abattent enfin ils chantent, ils rient, ils dansent et lèvent haut les poings. Victoire puérile autant qu'éphémère. Le 3 mai, au terme d'un ultime assaut porté par la houle d'un prodigieux *Veni Sancte Spiritus*, la ville est prise. Aimeri de Montréal et ses quatre-vingts chevaliers sont amenés devant Simon. « Qu'on les pende », dit-il. C'est là le sort des traîtres. Un gibet est dressé dans la cour du château. À Aimeri d'abord on met la corde au cou. La potence s'effondre. Elle était mal plantée. Alors on s'impatiente et l'on tue tous ces gens, en tas, à coups d'épée. Après quoi dans la ville on se répand en hâte, on enfonce des portes, on débusque les hérétiques. Quatre cents sont bientôt pris et brûlés dans un pré. « Quant à dame Guiraude, dit la *Canso*, elle est, poignets liés, jetée au fond d'un puits et l'on couvre son corps d'un tombereau de pierres ; on fait là grand péché, car jamais de sa vie un pauvre ne la vit sans recevoir d'aumône. »

Montfort est assurément impitoyable. Mais est-il pour autant le soudard sans scrupules qu'on a parfois décrit ? En vérité, il ne fait rien de plus qu'appliquer tout crûment le code de l'honneur en usage, à l'époque. Aimeri et ses gens l'ont par trois fois trompé. Or, un chevalier véritable, au XIIIe siècle, ne saurait impunément violer sa parole. « S'il le fait, il est méprisable. Il se met à tout jamais hors la loi. Comme l'hommage vassalique, la parole donnée exprime, au sein même de la hiérarchie inégalitaire, une solidarité de classe[1]. » Guillaume, à Minerve, a rendu les armes. Il s'est comporté en vrai chevalier. Montfort l'a laissé aller sans encombre. Ses mœurs

---

1. J. Flori, *L'Essor de la chevalerie,* Droz, Genève, 1986.

sont d'un homme à l'esprit carré. Quant à sa cruauté, qui peut certes aujourd'hui apparaître barbare, elle est celle d'un temps de lois simples et brutes, de brigands et de saints, de chefs de clans au front de roc, de prêcheurs d'infini et de serfs sous le joug. Alors qu'Aimeri et sa sœur Guiraude tenaient encore tête aux troupes de Simon, le comte de Foix, son fils Roger-Bernard et Guiraud de Pépieux avec quelques poignées de routiers toulousains ont attaqué un contingent croisé, du côté de Montgey. Ils étaient à peu près cinq mille catholiques à marcher sur Lavaur. Ils furent massacrés jusqu'au dernier curé. Comme ce dernier-là courait chercher abri dans une église proche, Roger-Bernard de Foix lui galopa au train, poussa derrière lui son cheval ferraillant dans l'ombre du lieu saint, lui cria : « Qui es-tu ? » L'autre lui répondit : « Je suis prêtre et croisé pour la gloire de Dieu. » « Prêtre ? Prouve-le donc », rugit Roger-Bernard. Le bonhomme ôta sa capuche. « Vois, dit-il, je suis tonsuré. » Ce fut son dernier mot. Roger-Bernard leva sa hache et lui fendit le crâne en deux. Ce meurtrier-là avait des sympathies cathares. Il n'en était pas moins, vu de nos cœurs inquiets, difficilement fréquentable. En vérité, la guerre est partout sans pitié. Chacun suit sa fureur, c'est elle qui gouverne.

Montfort, après Lavaur, va venger ses croisés massacrés à Montgey. Il détruit le village jusqu'au dernier caillou, puis fait halte au château des Cassès, une bâtisse rustique aux défenses sommaires. Il y trouve enfermés une soixantaine de prédicateurs hérétiques. Leur sort est aussitôt scellé. Le temps de dresser un bûcher et les voilà jetés pêle-mêle à la mort. Or, les Cassès appartiennent au comte Raymond de Toulouse. Ces hommes détestés qu'on découvre chez lui sont, pour Simon et les gens d'Église qui l'accompagnant, la preuve décidément faite que cet insupportable Toulousain joue double ou triple jeu. Il convient donc de le combattre ouvertement, et d'occuper son fief, sa ville et son palais. Le 5 juin 1211 Montfort traverse le Tarn. Sa troupe est réduite. Beaucoup de ceux qui ont pris Lavaur, leur quarantaine faite, sont rentrés chez eux. Il s'avance pourtant droit sur les cités fortes. À son approche, on fuit. Son nom seul épouvante. L'Albigeois est conquis en moins de deux semaines. Le 16 juin, le voici qui parvient aux remparts de Toulouse.

Dans la ville assiégée les capitouls[1] protestent. « Que nous veulent ces gens ? disent-ils, stupéfaits. Pourquoi nous assaillent-ils ? Avons-nous commis la moindre faute envers le pape ou ses ministres ? » L'évêque Foulque leur répond que le comte Raymond est désormais l'ennemi juré de l'Église, et qu'il convient de ne pas lui rester fidèle. « Chassez-le donc, dit-il aux notables indignés, et l'armée des croisés ne vous fera aucun dommage. » C'est trop leur demander. Tous refusent hautement. Foulque aussitôt rejoint le camp de la croisade avec ses moines et ses prêtres, tandis que dans Toulouse on s'apprête ardemment à soutenir le siège. La ville est bien armée. Le comte de Comminges et le comte de Foix sont venus en renfort avec un contingent de routiers navarrais. Les croisés, eux, sont en nombre maigre. Les fourgons de vivres sans cesse harcelés sur les routes leur parviennent exténués et plus qu'à

---

1. Toulouse était gouvernée par une assemblée de consuls – les capitouls – élus par les bourgeois de la ville.

moitié vides. « On se nourrit (fort mal) de fruits, de fèves sèches, dit la *Canso*. Heureux celui qui trouve à manger tous les jours. » De plus, le comte de Bar, qui vient en rechignant faire sa quarantaine, ose accuser Arnaud Amauri, le très sournois chat de Cîteaux, d'ambition, de trop fine astuce et d'injustice grossière. « Mieux vaudrait, dit-il, traiter avec Raymond que de tenter de lui prendre son fief. » On ne veut pas l'entendre. Le combat s'engage sans lui autour des murailles. Il est féroce et vain. « Un matin de juin, après avoir passé une pleine quinzaine à piétiner les vignes, les chevaliers croisés plient pavillons et tentes. Ils sont las de ce siège et décampent sans gloire[1]. » Montfort lève donc le camp, et comme chaque fois que ce taureau est forcé de céder au sort défavorable, il se prend de colère énorme et ravageuse. Il déferle aussitôt sur les terres d'Ariège où il brûle et détruit châteaux, villes, villages, jusqu'aux fruits des vergers dans les faubourgs de Foix.

Or, après son expédition de brigand, tandis qu'il raccompagne une troupe de croisés allemands jusqu'à Rocamadour, Raymond de Toulouse appelle les seigneurs du Midi à l'insurrection générale. Foix et Comminges sont déjà sur pied de guerre. Béarn et Gascogne répondent sans tarder à l'appel. Quant au chevaleresque sénéchal du Poitou, il rameute aussitôt ses troupes cavalières. « Plus de cent d'entre nous n'attendent que vos ordres, écrit-il à la comtesse Aliénor de Toulouse. Un signe de vous et nous voilà sur nos destriers. Ils sont déjà sellés. » Partout dans le pays on empoigne les armes. Montfort, de retour du

---

1. *La Chanson de la Croisade albigeoise, op. cit.*

Quercy, apprend ce qui se trame. Il rassemble les siens. Cinq cents hommes, pas plus. Les contingents croisés sont tous rentrés chez eux. L'armée qui le menace est près de trente fois supérieure à la sienne. Et comme si son Dieu voulait à toute force éprouver son courage, il lui refuse le réconfort de ses proches : Alix son épouse est à Lavaur, Amaury son fils aîné est à Fanjeaux, malade, Pernelle sa dernière-née est en nourrice à Montréal. Aimeri de Narbonne qu'il appelle au secours renâcle et se dérobe.

Le voilà seul avec sa poignée de fidèles. Il demande conseil à ses compagnons d'armes. « Si vous voulez m'en croire, dit Hugues de Lacy, c'est à Castelnaudary que vous les attendrez. » Certes, la place n'est pas forte. Elle est plantée en plaine, elle est mal défendue, mais elle est aux confins du Carcassès et des terres toulousaines. Or, mieux vaut combattre aux frontières que d'attendre l'ennemi au cœur même d'un pays qu'il aurait conquis sans résistance. Simon se rend à cet avis. Il se décide donc à quitter Carcassonne. La mort dans l'âme ? Non. À l'instant de partir il se rend à l'église, il écoute la messe, se recueille un moment, et comme il se relève un moine cistercien qui priait avec lui tente fiévreusement de le réconforter. Sans doute l'imagine-t-il quelque peu désemparé, la bataille qui vient est par trop inégale. « Vous croyez que j'ai peur ? répond l'autre en riant. Il s'agit de l'affaire du Christ. Toute l'Église prie pour moi. J'ai la certitude que nous ne pouvons être vaincus. » La confiance est une arme étrange et redoutable. Elle fait d'un homme un roc plus lourd qu'une montagne.

L'armée toulousaine s'assemble sous les remparts de Castelnaudary. Elle est si nombreuse « que le sol est couvert par leur multitude comme par une invasion de sauterelles », dit Pierre des Vaux-de-Cernay pour le coup inspiré par les fléaux bibliques. Montfort sait que ses gens ne tiendront pas longtemps, ils sont trop peu nombreux. Ses proches compagnons Bouchard de Marly et Martin Algai sont à Lavaur. Il les appelle à l'aide. Aussitôt le message reçu ils accourent avec cent cavaliers et un convoi de vivres. En chemin les rejoint une piétaille de huit cents ribauds venus de Carcassonne et de Narbonne. Quand le comte de Foix, qui campe dans la plaine avec ceux de Toulouse, apprend leur arrivée, il rameute à la hâte deux mille hommes à cheval, autant de fantassins et marche à leur rencontre. Bouchard les voit venir de loin à travers champs. Leur foule est effrayante au regard de sa troupe. Que faire ? Reculer ? Impossible. Il faut livrer bataille. Ne sont-ils pas les serviteurs du Christ ? Un moine cistercien au-devant des croisés brandit son crucifix et ranime à grand bruit les courages. « Si vous tombez dans ce combat pour la foi chrétienne, leur dit-il, vous serez aussitôt couronnés d'honneur et de gloire, et vous recevrez en paradis la récompense de votre peine et de votre courage[1]. » Les paroles, dit-on sont légères, elles s'envolent. Et pourtant, de quels incendies, de quels ravages, de quels miracles ne sont-elles point capables quand les anime la puissance aveugle de la vie ? Bouchard hurle au ciel le nom de « Dame sainte Marie » et lance ses gens sur la ruée qui vient. Au premier choc des armes les chevaliers croisés tuent raides plus de cent mercenaires espagnols. Ce coup inattendu décon-

---

1. Pierre des Vaux-de-Cernay, *Historia Albigensis, op. cit.*

certe un instant les cavaliers de Foix. Ils hésitent. Les autres, le front bas, poussent leur avantage et contournant leur masse font en un assaut bref une épaisse tuerie d'archers et de piquiers.

Au plus haut des remparts de Castelnaudary Montfort suit la bataille. Il n'en voit, au lointain, qu'une mêlée confuse. Il s'impatiente, il rogne, il se décide enfin. « À Dieu ne plaise, dit-il, que je laisse mes chevaliers trouver au combat une mort glorieuse. Quelle honte si je leur survivais ! Vaincre avec les miens ou mourir avec eux, voilà ce que je veux[1]. » Il rassemble les soixante chevaliers qui lui restent, laisse la garde de la ville à ses seuls fantassins et s'en va chevauchant au secours de Bouchard. Il arrive à l'instant où le comte de Foix, voyant ses gens rossés, ordonne la retraite. Tandis que les cavaliers méridionaux se dérobent, les hommes de Simon harcèlent leurs fantassins et les massacrent en grand nombre. Au soir de ce jour, Montfort et les siens rentrent vainqueurs à Castelnaudary. « Ajoutons ce détail véridique, dit Pierre des Vaux-de-Cernay : les nôtres ont combattu à un contre trente et ils ont dispersé leurs ennemis. Reconnaissons que Dieu était auprès de nous. » Simon, lui, en est sûr. À peine revenu à l'abri des murailles il va droit, pieds nus, à l'église « pour rendre grâce au Tout-Puissant des bienfaits accordés[2] ».

Tout au long du combat une bonne moitié de l'armée toulousaine est demeurée au camp, sous les murs de la ville, « à prendre du bon temps », comme le dit Tudèle. Le comte de Toulouse et les

---

1. *Ibid.*
2. *Ibid.*

grands seigneurs de sa suite ne se sont aucunement inquiétés. Pas un, à l'évidence, n'a un instant imaginé que les gens du comte de Foix pouvaient être défaits par les quelques soldats de Bouchard de Marly. Dans l'après-midi, comme pour se dégourdir après un bon repas, « Savaric de Mauléon et une grande quantité d'hommes armés sont sortis de leurs tentes et sont allés jusqu'aux portes de Castelnaudary. Là, orgueilleusement, les bannières levées, ils ont attendu l'issue du combat[1]. » Quand, de la rase campagne, leur vient l'incroyable nouvelle, ils s'en retournent au camp, accablés, en désordre. Le soir même, le comte de Toulouse, découragé, fait brûler ses machines de guerre, lève le siège et rentre chez lui.

Le lendemain, Simon fait route vers Narbonne. Mais tandis qu'il chemine, heureux, parmi ses gens, il perd en quelques jours la bataille gagnée. Car le comte de Foix lui vole sa victoire. Partout, dans les châteaux du pays alentour, cet étonnant filou envoie des messagers annoncer que Montfort est perdu corps et biens, qu'il est mort écorché et que l'armée croisée s'en retourne chez elle. Du coup, toutes les citadelles où parvient la nouvelle hissent le pavillon de Toulouse. On jette hors les murs les garnisons françaises. Soixante places fortes changent bientôt de camp. Ce que les armes n'ont pu faire, le vent du mensonge le fait. Voilà Simon dépossédé. Il lui faut repartir en guerre. Heureusement pour lui arrivent des renforts : Guy, son frère, de retour de Terre sainte et son vieux compagnon Robert Mauvoisin. Leur présence réchauffe le cœur de l'inusable

---

1. *Ibid.*

batailleur qui avec eux reconquiert l'Agenais, prend Moissac, et met le cap sur les comtés de Foix et de Comminges. En face, que fait-on ? On harcèle ses troupes, on frappe un coup, on fuit, on hésite à pousser d'éphémères avantages. En vérité, on a peur. À l'entrée de l'hiver 1212, Montfort met le siège devant Cahusac, en Albigeois. Les comtes de Toulouse, de Foix et de Comminges sont avec leur armée près de là, à Gaillac. Ils préviennent leur irréductible ennemi qu'ils vont bientôt venir et lui livrer bataille. L'autre attend. Nul ne vient. Il s'impatiente, il dit à ses compagnons d'armes : « Puisqu'ils ne se dérangent pas, j'irai donc, moi, les déranger. » Il marche sur Gaillac. Quand du haut des remparts les Toulousains le voient arriver, ils s'esbignent. Ils fuient vers Rabastens, où Montfort les poursuit, enfin les laisse aller, revient à Cahusac et prend la place forte.

Les Occitans répugnent à livrer jusqu'au bout les combats engagés. Pourquoi ? Sans doute parce qu'au fond, ils n'ont d'autre souci que leur propre survie. Ils n'ont pas le sentiment de servir une cause sacrée, je veux dire : plus haute qu'eux-mêmes. Ils résistent, frappent l'envahisseur quand ils ne peuvent l'éviter, le défient de loin, à grand bruit, tentent des ruses, attendent que l'orage passe. Foix, Comminges, Toulouse, Albigeois, Carcassès sont autant de patries jalouses de leurs biens et souvent en querelle. Le danger les unit, l'accalmie les sépare. Quant à l'hérésie cathare, elle tient plus que jamais ce monde pour un bas-fond irrespirable. Toute son espérance est dans le pur Esprit. C'est dire qu'elle ne peut se commettre à aiguillonner la rage des combattants, à sanctifier leurs armes, à convoquer le

Christ sur les champs de bataille. L'Église mobilise, elle sait faire cela. Les Parfaits, eux, consolent. Ils n'ont rien à brandir au-devant des cuirasses, ni croix, ni encensoirs, et s'ils aident les gens, ce n'est certes pas à combattre. En vérité les Occitans sont seuls, démunis, sans appui contre un Dieu furibond, une nuée de moines aux chants éberluants, et des fous à cheval qui ne doutent de rien. Ils se défendent mal, d'autant que la plupart se veulent catholiques. Peut-être, obscurément, se sentent-ils coupables d'un péché sans contours, et d'autant plus pesant.

Montfort reconquiert tout, il investit Muret où se jouera bientôt le sort définitif du midi de la France, et Raymond fuit Toulouse. Il va chercher refuge chez Pierre d'Aragon. Il lui offre son bien, lui demande assistance et se déclare son vassal. De fait, il estime Pierre seul capable de servir efficacement sa cause auprès du pape, et de mater enfin ce diable de Simon, si l'affrontement s'avère inévitable. Il n'a pas tort. Pierre d'Aragon est pour l'heure un inattaquable serviteur du Saint-Siège. Il vient de chasser les Arabes d'Espagne, ce qui lui vaut la gratitude de l'Église autant que le respect de tous pour ses talents de chef de guerre. Il reçoit l'hommage du comte de Toulouse avec empressement. En vérité, c'est un cadeau inespéré. Il tient là l'occasion d'étendre ses domaines au vaste pays d'Oc et de conforter son prestige en Europe chrétienne. Pourquoi donc hésiter ?

En décembre 1212 il envoie à Lavaur où se tient un concile deux sévères ambassadeurs. Ils posent des questions embarrassantes et rudes. Ils accablent Montfort. Se préoccupe-t-il de laver le pays de la peste hérétique ? À peine, çà et là, quand il en a le temps. Et d'ailleurs quelle peste ? Ceux des contaminés qui n'ont pas pris la fuite ont été massacrés, brûlés ou convertis. De fait Simon s'en prend effrontément, par voracité pure, aux seigneurs catholiques de Toulouse, de Foix, de Comminges et Béarn. Lui, Pierre d'Aragon, a souffert grandement de ne pouvoir aider ces estimés barons, et certes il l'aurait fait s'il n'avait pas été jusqu'à ces derniers jours occupé à chasser les Maures, pour le plus grand profit des serviteurs du Christ, et la vraie gloire de Dieu. Bref, disent pour finir les envoyés du roi, il n'est que temps d'assurer en Languedoc le juste retour de la paix, et de porter l'effort des croisades prochaines en pays espagnol où le feu sarrazin pour l'instant maîtrisé menace encore de renaître.

Le pape est ébranlé. Il se rend un moment aux arguments de Pierre, qui pousse sans tarder l'avantage gagné. Il invite Montfort à conclure avec lui une suspension d'armes. Les voici tous les deux face à face, à Toulouse. Ils se toisent d'abord, en carnassiers courtois. « Le roi d'Aragon, dit Pierre des Vaux-de-Cernay, fait bonne figure à Simon, et lui demande aimablement de ne point faire de mal à ses ennemis pendant les huit jours nécessaires à leurs négociations. » « Par égard pour vous, répond l'autre, pendant ces huit jours je cesserai non point de faire du mal, mais de faire le bien. » Il est environné d'évêques aussi raides et acharnés que lui. Le roi d'Aragon n'obtient rien. Pendant ce temps, à Rome, une meute de prélats s'efforce de retourner le pape. On le supplie de rendre à Montfort sa confiance un instant détournée par ce rusé de Pierre. Innocent III se laisse enfin convaincre. Il était temps. Le roi de France, inquiet pour ses frontières où s'agitent les gens d'Angleterre et de Flandre, rappelait déjà ses barons. La croisade partout s'en allait en lambeaux.

Une nouvelle fois Simon bat le rappel. Il aime cette vie de batailles et d'assauts. Il ne connaît rien d'autre. Pour lui comme pour ses semblables, en ce temps-là, la guerre est la vie même. Quand le roi d'Aragon le met en demeure de lui remettre les terres qu'il occupe, il le défie. Il se déclare délié de tout devoir envers ce prince qu'il estime désormais indigne de respect chevaleresque, et s'affirme prêt à se défendre contre lui « comme il s'est toujours défendu contre les ennemis de l'Église ». Pierre, aux yeux de Simon, a définitivement rejoint le camp du diable. L'affrontement qui vient sera impitoyable autant que décisif.

Le 23 août 1213 le roi d'Aragon quitte Huesca à la tête de son armée, franchit les Pyrénées, entre en Occitanie. On l'accueille en Gascogne avec enthousiasme. L'espoir renaît enfin. Le 8 septembre, le voici devant Muret avec sa piétaille catalane et ses trois mille cavaliers. À Toulouse, dès que Raymond VI apprend l'arrivée du roi, il fait sonner les cors dans la cour comtale. Ordre est donné à la troupe assemblée de rejoindre ceux d'Aragon. La milice communale se joint à la noblesse languedocienne. Ils sont trente-cinq mille hommes, au bas mot, à planter leurs tentes, leurs bannières et leurs machines de guerre dans la plaine de Muret. Ils attendent Simon, qui ne saurait tarder : dans la ville assiégée se terre une garnison de croisés qu'il ne peut laisser à la merci de ses ennemis jurés.

Montfort est à Fanjeaux quand un messager à bout de souffle lui apprend l'inquiétante nouvelle.

Il décide aussitôt de s'armer et de partir dès le prochain matin. Alix son épouse est auprès de lui. Elle passe une mauvaise nuit. Quand elle s'éveille, à l'aube, elle avoue à Simon un rêve épouvantable. Elle s'est vue égarée sur un champ de bataille, les bras ensanglantés. Assurément c'est un présage. Elle en est encore tremblante. Elle tente de convaincre son époux qu'il ne doit pas se rendre à Muret où l'attendent en trop grand nombre ceux qui brûlent de le voir mort. Simon hausse les épaules. « Vous parlez comme une femme, lui dit-il. Croyez-vous que j'ajoute foi aux songes et aux augures, comme les Espagnols ? Si j'avais rêvé cette nuit que je dusse être tué dans le combat où je cours, je marcherais avec plus de confiance encore pour mieux faire pièce à la stupidité des habitants de ce pays qui se préoccupent de ces sortes de sornettes. » Au matin du 10 septembre il donne l'ordre à son épouse d'aller en hâte à Carcassonne pour y rassembler le plus de croisés possibles, et surtout convaincre le vicomte de Corbeil, dont la troupe est au terme de sa quarantaine, de retarder son retour en France et d'accourir à son aide. Quant à lui, il part pour Saverdun avec trente compagnons.

En chemin, il fait halte à l'abbaye de Boulbonne. Il va droit à l'église et se recommande aux prières des moines. Il demeure longtemps à genoux, les poings noués sur son front, puis quitte le lieu saint. Sur le perron il rencontre un prêtre de sa connaissance. Il lui apprend qu'il se rend au secours des assiégés de Muret. « Voilà qui est fort déraisonnable, lui répond le bonhomme. Vous avez peu de compagnons. L'armée qui vous attend là-bas est innombrable. À sa tête est le roi Pierre d'Aragon. Chacun sait sa valeur. Vous allez à la mort. » Piqué, Montfort le toise et tire de son aumônière un parchemin froissé. « Lisez », dit-il. L'autre obéit, surpris. C'est une lettre du roi d'Aragon à une noble dame de Toulouse qu'un espion, l'avant-veille, a remise à Simon. Entre autres mots d'amour et flatteries courtoises, « c'est pour l'amour de vous que je m'en viens chasser les Français du pays », a écrit le roi Pierre à sa belle Occitane. Et comme le curé, sans savoir que répondre, lui rend son parchemin, « que Dieu m'aide, lui dit Montfort. Je ne crains pas cet homme. Il sert une putain, moi, la Vierge Marie. Il ne peut pas me vaincre ».

À Saverdun, il rejoint une quarantaine de chevaliers à l'instant arrivés de France, sept évêques et trois abbés chargés de négocier, s'il se peut, une paix point trop déshonorante avec le roi d'Aragon. Le lendemain matin, avant de reprendre la route, Simon se confesse auprès de son chapelain et lui dicte son testament. Après quoi il assiste à la messe et entend proférer à la lueur des cierges l'excommunication solennelle du comte de Toulouse et de son fils, du comte de Foix et de son fils, du comte de Comminges et de « tous les fauteurs d'hérésie, aides et défenseurs ». Le nom du roi d'Aragon n'est pas prononcé mais Pierre des Vaux-de-Cernay laisse entendre qu'assurément il est jeté au diable avec les autres fous. Au terme de l'office, tous partent pour Muret.

Au-delà des coteaux au bord de la Garonne ils découvrent le camp des soldats d'Aragon et des gens de Toulouse. Combien sont-ils ? « Plus nombreux, dit la *Canso*, que les grains de sable de la mer. » La troupe de Montfort compte quinze cents hommes. Huit cents sont à cheval et sept cents vont à pied. Tous redoutent une attaque, une ruée soudaine. Le camp des Toulousains est à portée de voix. Nul n'inquiète leur marche. Ils entrent dans Muret par la porte de l'Est. C'est là ce que voulait le roi Pierre : qu'ils s'enferment dans la ville, et que l'armée autour, sans risques, lentement, les force et les réduise. Montfort avec ses proches s'installent au château fort. Chevaliers et sergents logent dans les auberges et les maisons voisines, les prêtres et les évêques au couvent Saint-Germier. Aucun n'espère. Tous sont persuadés que la mort les attend. Les remparts sont fendus, les assaillants pullulent, les greniers sonnent creux. Les vivres manqueront dès le prochain matin. Il va falloir sortir. Il va falloir se battre à un soldat de Dieu contre vingt hérétiques. Les plus épouvantés sont les hommes d'Église. Ces gens-là, pour le coup, ne croient plus aux miracles. Après tout, disent-ils, Pierre d'Aragon est un bon catholique. Il faut parlementer, il entendra raison. La nuit vient. Montfort veille avec ses lieutenants. Ensemble ils mettent au point leur attaque prochaine. Car ils vont attaquer, il n'est pas d'autre issue.

Certains des chevaliers, qui sont avec Simon à ce conseil de guerre, décident en secret de toucher l'ennemi, s'il se peut, droit au cœur. Dès l'entrée du combat, ils tenteront de tuer Pierre. S'ils y parviennent, pensent-ils, son armée se débandera. Certes, pourfendre un roi n'est pas la coutume du temps. C'est un acte fort lourd et qu'une âme noble ne saurait approuver. Baudoin d'Avesnes, qui seul dans sa chronique[1] rapporte ce projet ne nomme pas

---

1. *Chronique* de Baudoin d'Avesnes, B.N., Ms 17264, fol. 363.

Montfort parmi les comploteurs, sans doute pour préserver sa gloire. Mais il n'est pas douteux qu'il sait ce qui se trame.

Au matin du 12 septembre, Simon se rend au couvent Saint-Germier où sont les gens d'Église. Les évêques affolés (quelques boulets perdus sont tombés sur leur toit) veulent aller pieds nus implorer la pitié de Pierre d'Aragon. Montfort s'enrage. « Il n'est plus temps de négocier, leur dit-il. Nous en avons assez supporté et plus que supporté. Venez donc nous bénir, car nous voulons combattre. » Il retourne à la citadelle pour y revêtir son harnois. Comme il passe devant la chapelle du château, lui vient une rumeur de messe. Il entre, il va jusqu'à l'autel, s'agenouille devant l'évêque d'Uzès, qui célèbre l'office. Il lui dit : « À Dieu et à vous j'offre aujourd'hui mon corps et mon âme. » Après quoi il va au donjon, s'arme, vient à nouveau dans la chapelle ombreuse et s'agenouille encore. Son ceinturon se rompt. Son épée vivement résonne sur les dalles. Tous ceux qui voient cela en sont pétrifiés. Le présage est sinistre. Il ne s'en trouble pas. Il demande à voix haute un autre ceinturon et sort dans l'aube grise. Il va sur la terrasse où l'attend son cheval. Or, comme il monte en selle, sa bête hennit au ciel et d'un coup de tête soudain le frappe au front si rudement qu'il reste un moment interdit. Les signes malveillants décidément insistent. Si Montfort croit un tant soit peu à ce que l'Invisible dit, il s'estime irrémédiablement perdu. D'ailleurs il l'est, c'est l'évidence. Aucun homme sensé, selon la raison simple, n'oserait lui accorder la moindre chance de victoire. Pourtant il va, apparemment impavide. Il rejoint ses hommes sur la place du Marché. L'un d'eux propose qu'ils se comptent. « Qu'importe, lui répond Simon. Avec l'aide de Dieu, nous sommes assez pour vaincre. » À peine sont-ils un millier, les cinq cents fantassins venus avec la troupe sont laissés à Muret. Il adresse à ses chevaliers quelques paroles héroïques, leur recommande de se défier des corps à corps, de ne point se désunir, de charger en lignes compactes. L'évêque Foulque vient, le crucifix au poing, la mitre sur la tête. Il veut bénir chacun, mais la cérémonie menace d'être longue, les chevaux piaffent et Simon s'impatiente. Il dit : « Finissons-en, bénissez-nous ensemble. » L'évêque de Comminges prend à Foulque sa croix. À tous il crie : « Allez au nom de Jésus-Christ ! » Ils vont. En rangs serrés ils sortent de la ville.

Ce matin-là, au camp d'Aragon et Toulouse, Pierre écoute la messe et s'endort au milieu. Il a passé la nuit avec une amoureuse. Il ne tient plus debout. Au sortir de l'office, il tient conseil avec ses alliés. Raymond est d'avis de poursuivre le siège et de dresser autour du camp quelques solides palissades. Il connaît bien Simon et ses ruses fumantes. Il craint une offensive. Pierre hausse les épaules. Il juge exagérées les craintes de Raymond. Il veut, lui, en découdre. Il confie donc au comte de Foix le premier corps de son armée, qu'il affecte aux machines de guerre et au harcèlement des remparts de Muret. Il prend lui-même la tête du deuxième corps qui livrera bataille, si Montfort attaque, et pour que sa victoire ait un parfum plus vif, par audace superbe il choisit d'échanger son armure royale contre l'anonyme équipement d'un de ses proches. Ainsi il se battra comme tout un chacun, sans que nul ne l'épargne. Quant au troisième corps de l'armée alliée, Pierre II le confie au comte de Toulouse. Il restera au camp et viendra s'il le faut prêter main-forte aux autres.

Les hommes de Montfort quittent l'abri des murs par la porte de l'Est. Dans l'ombre des remparts, qui les cachent à la vue des assaillants massés à la porte du Nord, ils longent la Garonne, passent au pied du donjon, franchissent le pont Saint-Sernin. Les voici au soleil. À leur gauche, les gens du comte de Foix s'affairent autour de leurs pierriers. Beaucoup sont çà et là occupés à manger, assis par petits groupes. Le siège est monotone. Ils font mauvaise garde. Simon lance sur eux un galop furibond de trois cents cavaliers. Les autres sont à pied. À peine ont-ils le temps de boucler leur ceinture. La bourrasque balaie leur troupe débandée. Droit devant dans la plaine apparaissent le roi et ses Aragonais. L'escadron ravageur leur vient par le travers. Au même instant Montfort leur lance en pleine face son deuxième tiers de croisés. Alain de Roucy et Florent de Ville, entrés les premiers dans la mêlée, assaillent aussitôt celui qu'ils voient vêtu de l'armure royale. L'autre réplique mal, sa défense est timide. De Roucy voit cela. Il hurle : « Compagnons, ce n'est pas là le roi ! Le roi est un meilleur chevalier que cet homme ! » Pierre II d'Aragon sous son heaume anonyme est tout près. Il entend. Bravement il répond : « Certes, vous l'avez dit, ce n'est pas là le roi. Si vous cherchez le roi, voyez, il est ici ! » D'un coup de masse turque il désarçonne un homme, et faisant tournoyer alentour sa monture, « il fait merveille d'armes[1] ». Mais Alain de Roucy et dix autres croi-

---

1. *Ibid.*

sés l'environnent. Ils l'isolent. Ils le frappent et le trouent avec tant de fureur qu'il succombe bientôt. Il tombe renversé sous les piétinements. Ses proches autour de son cadavre combattent désespérément. Ils se font tous tuer les uns après les autres. À Muret, ce jour-là, périt la fine fleur des nobles d'Aragon.

Alors Montfort accourt avec ce qui lui reste de troupe. L'armée des Espagnols, rudement ébranlée par la mort de son roi, sous la ruée se brise. Que font les miliciens du comte de Toulouse, dans leur camp, en réserve ? Rien. Ils sont sans souci. Du haut d'une colline ils assistent au carnage. Que voient-ils ? Des mêlées, des nuées de poussière. Peut-être pensent-ils que la bataille est belle et la victoire sûre. Ceux de Foix croient aussi à la fête prochaine. Ils ont refait leurs forces après le coup subi à l'ombre des remparts et s'acharnent à nouveau à l'assaut de la ville. Mais quand les Toulousains voient enfin les croisés brandir les étendards pris aux Aragonais, quand ils les voient traîner derrière leurs chevaux des prisonniers en loques et quand ils voient partout, dans l'herbe et les buissons les Espagnols couchés, saignants, taillés en pièces, ils savent qui subit l'incroyable défaite. Alors ils courent aux bateaux amarrés en grand nombre à la rive du fleuve. Ils y arrivent trop tard. Les hommes de Montfort leur sont déjà dessus. Combattent-ils enfin ? Non, ils fuient, pêle-mêle. Ils se noient par milliers. Ceux qui ne tombent pas à l'eau tombent à terre, le dos percé de pieux ou le crâne fendu. Quinze mille périssent au bord de la Garonne.

Au soir, dans l'impassible silence du crépuscule, Montfort demande à Florent de Ville de le conduire auprès de Pierre d'Aragon qui gît parmi les morts sur le champ de bataille. Ils trouvent son corps nu. L'infanterie croisée est sortie de la ville pour achever les blessés et détrousser les cadavres. Simon s'agenouille auprès de son ennemi et prononce quelques paroles d'affliction. Après quoi il s'en retourne à l'église de Muret pour rendre grâce à Dieu de la victoire qu'il vient de lui accorder, et en aumône faite aux pauvres donne ses armes et son cheval.

Comment, avec sa poignée d'hommes, a-t-il pu vaincre des milliers décidés à le jeter bas ? Simon est un guerrier massif, à la foi brute. Son absence de doute est une grande force. Mais outre la confiance en son Dieu catholique il a le flair d'un fauve. C'est un stratège aigu. Il sait comment jouer de l'orgueil ennemi, l'endormir quand il faut, passer pour négligeable et lancer droit sa griffe à l'instant où chacun l'imagine perdu. On le croit enfermé dans la ville assiégée ? Il sort, et par surprise pousse les assaillants qui s'affairent aux remparts sur la troupe du roi, qui du coup ne peut pas s'ordonner à sa guise. Pierre a évidemment sous-estimé Montfort. Il l'a cru aux abois. Il n'a pas un instant pensé qu'il aurait l'audace, avec ses neuf cents cavaliers, d'attaquer les quatre mille nobles rescapés des batailles barbaresques qu'il menait à sa rencontre. Il a laissé ses hommes chevaucher comme à la promenade. Aurait-il prévu l'invraisemblable assaut, il lui aurait suffi de l'attendre sur place avec toutes ses forces, piquiers devant, cavalerie derrière. Mais non, il a laissé ses piétons sous les tentes, à aiguiser leurs piques ou à jouer aux dés. Simon a vu cela, dès le matin levé, du haut de son donjon, les fantassins absents, les chevaux assemblés le long des palissades, la troupe qui s'ébranle. Sans doute s'est-il dit qu'il avait une chance, même à un contre quatre, et qu'il pouvait forcer par surprise le sort.

Il l'a fait, et l'histoire de France a pris un cours nouveau. À Muret, le Midi cesse d'être un Aragon possible. Il sera donc français, puisqu'il n'a jamais su être un pays fermé. A-t-on, ce jour terrible, défendu l'hérésie ou combattu contre elle ? Non. Le catharisme est loin de ces combats de loups. Montfort a étrillé l'armée aragonaise et noyé Toulouse dans sa Garonne. Il a triomphé presque seul d'une multitude apparemment invincible. Que peut-il de plus haut ? Se retirer du monde, remercier son Dieu et lui rendre ses armes ? Il faudrait qu'il soit saint. Il est homme de guerre. Raymond VI est brisé. Il veut décidément ses villes, son comté. Le maître avide et fier prend dans son cœur la place de l'intrépide serviteur. C'est dire qu'en ce jour où il tutoie le ciel, il n'a jamais été aussi près de sa chute.

5
Le pouvoir, la foi et la mort

« L'affaire de la foi. » Cette expression revient sans cesse sous la plume des chroniqueurs qui nous font le récit de cette guerre aux enjeux certes compliqués mais moins inextricables, au fond, qu'il n'y paraît. Au-delà des batailles et des palinodies, des traîtrises des uns, des manœuvres des autres, des mobilisations, des horreurs, des souffrances, se joue, en vérité, une partie secrète. Elle oppose, en effet, non point le bien au mal mais l'élan de la foi au désir de pouvoir, le goût poignant d'avoir à l'exigence d'être, les affaires de l'âme aux affaires du monde. Et le champ clos de ce duel probablement infini, s'il déborde parfois sur les livres d'histoire, s'inscrit depuis toujours dans le cœur de chaque homme.

Le destin de Montfort est, de ce point de vue, autant émouvant qu'exemplaire. La foi, ce feu d'esprit que la raison déteste, fait de lui un inébranlable guerrier. Est-elle sainte, assassine ou stupide ? Là n'est pas la question. Elle est, donc elle agit avec une force d'autant plus torrentueuse qu'aucun doute ne l'entrave. Après Muret, Simon en pays occitan est aussi exécré qu'un suppôt de l'enfer. Qu'il traverse une ville et le peuple s'enrage. De Nîmes à l'Agenais les cités à nouveau remuent et se soulèvent. Aimeri de Narbonne accueille dans ses murs des routiers d'Aragon qui brûlent de venger la mort de leur roi Pierre. Ces haines douloureuses ne sauraient ébranler un homme qui chevauche sous la bannière du Christ. Au contraire, elles le confortent, elles nourrissent sa dévastatrice vigueur. De fait, le coup fatal lui vient bientôt des siens. Non point qu'ils le trahissent. Ils le portent plus haut qu'il n'a jamais été. Mais le démon se plaît à faire sa maison sur les sommets de la gloire. Le pape et ses prélats jouent auprès de Simon les diables tentateurs. À cet homme de foi ils offrent le pouvoir.

Le 8 janvier 1215 à Montpellier s'ouvre un concile. Cinq archevêques y viennent avec vingt-huit évêques et nombre de seigneurs de France et du Midi. Dès le premier matin, Pierre de Bénévent, nouveau légat du pape, tient à tous ce langage : « Je vous demande et requiers de vous, au nom du devoir d'obéissance qui vous lie à l'Église romaine, de rejeter tout parti pris, toute haine, toute crainte et de me conseiller fidèlement sur les points suivants. À qui concéder au mieux de nos intérêts et assigner la ville de Toulouse pour l'honneur de Dieu et de la sainte Église, la paix du pays et la ruine de l'hérésie ? Et toute la terre que possède le comte de Toulouse ? Et les autres terres conquises par les armées des croisés ? » On réfléchit longtemps à ces questions précises. Le vieux comte Raymond a quelques défenseurs. On débat, on s'oppose. Au soir, les vœux s'accordent. Montfort est désigné seul maître du pays.

Raymond quitte Toulouse. Il va se réfugier à la cour d'Angleterre. Louis, fils de Philippe Auguste vient en croisade en Albigeois. Simon craint un instant qu'il ne fasse main basse sur ses nouveaux domaines. Mais non. Louis est « le plus doux des jeunes gens de France ». En novembre 1215, devant huit cents abbés et les plus grands seigneurs du Midi occitan venus plaider leur cause, le quatrième concile du Latran confirme Simon dans ses droits, redéfinit les dogmes de la foi, fixe en détail les peines que devra supporter tout hérétique pris et décrète en passant des mesures sévères contre « les clercs incontinents, ivrognes ou cupides », manière d'avouer l'état du bas clergé. Il est également ordonné que « les Juifs porteront quelque marque à leur habit pour les distinguer des chrétiens ». Ce sera la rouelle jaune. Le Midi, en ces temps, est par trop libéral, on compte quelques-uns de ces « bourreaux du Christ » aux finances des villes. Montfort régnera donc sur une terre pure, enfin lavée de tout ce qui n'est pas inscrit dans la loi catholique.

Il a pris à Raymond le comté de Toulouse et le marquisat de Provence, aux Trencavel Carcassonne et la vicomté de Béziers. Désormais ses domaines vont des bords de Garonne aux rivages du Rhône. Il installe à Beaucaire une garnison inutile. À l'est de Montpellier il n'y a pas d'hérétiques. Ce n'est donc plus le service de la foi qui le pousse dans ce pays, mais le désir d'accroître sa puissance et d'asseoir un pouvoir digne d'un presque roi. En mars 1216, Raymond VI et son fils, à leur retour de Rome, passent par Avignon. L'accueil qui leur est fait est si encourageant qu'ils se sentent revivre. Le pays ne veut pas de Montfort pour seigneur. « Voici venu le temps de nous rendre l'honneur », dit Guy de Cavaillon aux deux comtes déchus. Raymond le vieux prend aussitôt la route d'Espagne où nombre de nobles aragonais, à ce qu'on lui affirme, sont prêts à repartir avec lui en campagne. Raymond le jeune, lui, avec la fine fleur des seigneurs provençaux et cent mille bourgeois fermement décidés à libérer leur terre marche bravement sur Beaucaire. Le peuple est avec lui. Sans le moindre souci il investit la ville. La garnison croisée ne lui résiste pas. Elle tient le château fort et s'enferme dedans.

Montfort, en ce printemps 1216, est en voyage en France, où il a fait l'hommage de ses nouveaux domaines au roi Philippe Auguste. Dès la nouvelle apprise, il recrute à prix d'or quatre-vingts chevaliers. Il accourt en Provence. Il y retrouve Guy, son frère, et ses troupes fidèles. Il assiège Beaucaire. À peine parvient-il à prendre le château et délivrer ses hommes. La cité lui échappe. Après trois mois d'assauts aussi vains que meurtriers il s'en va « dépité, furieux, noir de colère ». Il lui faut aussitôt chevaucher sur Toulouse où le peuple, apprenant son échec provençal, a envahi les rues, dressé des barricades et chanté haut et fort sa haine des croisés. Simon, deux mois durant, s'épuise à rétablir son règne contesté. Il fait démanteler les remparts de la ville, il confisque les armes, massacre des otages et brûle, çà et là, des maisons, au hasard, pour effrayer le monde. Il n'a plus d'allié que la peur qu'il inspire. Il prie, certes, toujours avec autant d'ardeur, mais il ne défend plus ni la croix ni le Christ. Seul son droit seigneurial désormais lui importe.

Les châteaux des Corbières et du comté de Foix accueillent des *faidits*, des routiers catalans, des fuyards hérétiques. Décidément la mauvaise herbe revient sans cesse où elle est née. Il repart au combat. Et comme les gens de Provence harcèlent sans cesse ses gens, il pousse, furibond, jusqu'aux confins du Rhône. Et voilà qu'un matin un messager lui apprend l'insultante nouvelle : Raymond le vieux est de retour. Il est accompagné du comte de Comminges, du comte de Foix et d'une foule de chevaliers qui lui ont promis de l'aider à reprendre son bien. Il est entré dans Toulouse presque secrètement, par un gué sous le pont du Bazacle. Les gens l'ont accueilli comme un père sauveur. Ils n'ont guère tardé à se mettre à l'ouvrage. Ils ont rebâti les remparts autour de la vieille cité, dressé des murs de pieux, creusé des fossés neufs. Les chevaliers français se sont tous retranchés au Château Narbonnais, où est restée Alix, l'épouse de Simon. Certes, les insurgés ne le menacent pas, mais la ville est perdue.

Montfort et ses croisés reviennent en toute hâte. Aux créneaux de Toulouse on l'attend de pied ferme. « Sur les chemins de ronde sont postés à l'affût des vaillants au dos large, guisarmes bien en pogne et sacs de pierres aux pieds. Sur le sol ferme, en bas, d'autres se tiennent prêts à jouer de la lance et du dard de chasseur pour défendre les lices et l'accès des barrières. Des archers à l'abri des étroites fenêtres gardent les contrescarpes[1]. » Avec Raymond le vieux de partout sont venus des *faidits* occitans, des routiers catalans et des Aragonais qui avaient à venger la mort de leur roi Pierre, des hérétiques aussi, des chevaliers parfaits prêts à soigner les gens et retrousser leurs manches aux fortifications. Montfort dresse son camp sous les épaisses tours du

---

1. *La Chanson de la Croisade albigeoise, op. cit.*

Château Narbonnais sans cesse bombardées par les pierriers adverses. Il n'a plus la vigueur intraitable qu'il eut. Il sait que le combat sera terrible et long.

Il l'est, plus qu'il n'a cru. Tous ses assauts se brisent contre les Toulousains acharnés à tenir jour et nuit aux murailles. Les batailles les plus sauvages sont à la porte Montoulieu. Les croisés prisonniers « sont conduits par la ville, les mains liées, avec, pendue au cou, une bourse de cuir où les passants contents mettent quelques deniers au profit de ceux qui les ont pris. Ensuite on aveugle les uns, on coupe la langue aux autres, on les traîne à la queue d'un cheval, on les expose nus aux corbeaux et aux chiens. Parfois on les démembre, on les tranche en quartiers que l'on renvoie dehors dans la cuillère d'un trébuchet[1] ». De combats incessants en horreurs quotidiennes on s'enfonce en enfer. On traverse un hiver. Le printemps va finir. Neuf mois pleins sont passés. Montfort, exténué, tous les jours à la messe « prie Dieu de lui donner le repos de la mort[2] ». Un soir devant ses hommes il laisse aller ces mots : « Par sainte Marie de Rocamadour, ou je tuerai cette ville, ou c'est elle qui me tuera. » Où est Dieu ? Dans son Ciel. Simon est désormais seul sur terre avec ses fatigues et ses rognes. Il a perdu son âme. Il n'a plus la clarté impavide des fous qui se sentent tenus par une main céleste, et donc il erre, il n'est plus sûr de rien, il n'est plus invincible comme il le fut toujours, même aux pires moments, quand il servait sa foi.

Le 25 juin, comme l'aube point, un écuyer inquiet vient l'informer qu'une troupe importante de Tou-

---

1. Pierre des Vaux-de-Cernay, *Historia Albigensis, op. cit.*
2. *Chronique de Guillaume de Puylaurens,* texte édité, traduit et annoté par Jean Duvernoy, C.N.R.S., Paris, 1976.

lousains s'est furtivement rassemblée près de la porte Montoulieu. Assurément ces gens préparent une sortie. Montfort en hâte s'arme de pied en cap et se rend à la chapelle du Château Narbonnais pour y entendre la messe avant d'aller se battre. Tandis qu'il prie s'en vient un de ses chevaliers. Il est pâle et tremblant. Les hommes de la ville, les étendards, les piques et les épées au poing attaquent avec fracas les machines de guerre dressées sous les remparts par les soldats croisés. Les coups pleuvent si dru qu'on ne peut distinguer l'ami de l'ennemi. Il faut que sans tarder Montfort accoure à l'aide, les siens sont aux abois. Simon répond devant l'autel sans regarder le messager : « Je ne quitterai pas ce lieu tant que je n'aurai pas vu mon Rédempteur. » Et comme le prêtre élève l'hostie il s'agenouille, tend au ciel les mains, dit encore : « Partons maintenant, et s'il le faut mourons pour Celui qui daigna mourir pour nous. » Il se dresse et s'en va.

La bataille est furieuse. Montfort, un bref moment, avec ses compagnons parvient à repousser les ruées des piquiers, mais les autres reviennent au travers des vergers, par bandes ravageuses. Il pleut partout des flèches et des quartiers de rocs. Simon accourt aux mangonneaux qu'il faut garder du feu, des haches et des frondes. Il arrive près d'eux. Il fait halte un instant sur son cheval piaffant, l'épée sanglante au poing. Une pierre s'élève au-dessus du rempart. Elle tombe droit sur lui, l'atteint en pleine tête. Il tombe à la renverse. Son frère, à quelques pas, le voit soudain gisant. Il accourt, s'agenouille et le prend dans ses bras. D'autres viennent avec lui. Simon meurt sans les voir. Ils couvrent en pleurant son corps d'un manteau bleu.

C'est, dit-on, d'un pierrier manœuvré par des femmes qu'est venu le caillou mortel. La *Canso* le prétend. Rien, pourtant, n'est moins sûr. Il fallait, pour servir ces énormes machines, des carrures puissantes et des agilités de guerriers chevronnés. Mais qu'importe l'histoire. La légende parfois parle infiniment mieux. Elle dit que trois Fileuses ont tressé le destin de ce sombre héros : la Vierge qu'il servit, Alix sa seule épouse et cette Toulousaine à jamais inconnue qui brisa le fil de sa vie. Et que le ciel enfin soit tombé sur sa tête pourrait être aussi bien d'un poète inspiré. Car c'est à travers ciel que lui est venue la mort, par hasard, par rencontre apparemment fortuite. Peut-être ainsi son Dieu a eu pitié de lui. Peut-être a-t-il voulu appeler au repos son serviteur si las depuis que sans savoir, croyant encore rendre grâce, il ne priait plus que pour sa propre gloire : « que mon seul règne arrive, et que ma volonté soit faite, au moins sur terre ». Cet homme, en vérité, est un héros de conte. Il est, dans cette guerre, au cœur de l'essentiel comme ses ennemis le furent, à leur manière. Les cathares, eux aussi, dès qu'ils ont décidé de prendre part au monde ont arraché le fil qui les tenait au Ciel. Eux aussi sont tombés dans les bouillonnements du grand chaudron terrestre. Seuls le feu et la mort les ont, si l'on peut dire, sauvés de ce néant où va ce qui ne tient qu'aux prestiges humains. L'Église catholique, elle, a tout traversé sans apparent dommage, par un étrange miracle. Peut-être a-t-elle pu survivre parce qu'elle a su nourrir également le haut Dieu de lumière et celui des bas-fonds, bénir des assassins, pleurer sur leurs victimes, être sans vain débat abominable et humble, accueillir saint François, Borgia, l'Inquisition, ses valets tortionnaires et les ermites nus aux prières limpides.

Simon lui appartient. Elle qui lui a donné ce pouvoir qui le tue l'aime comme un fils mort dans son sein, et pour elle. On amène son corps au Château Narbonnais. « Le cardinal-légat, l'abbé, l'évêque Foulque l'accueillent la croix haute et l'encensoir fumant. » En ville, un messager dit à tous la nouvelle. « Aussitôt, chante la *Canso*, la joie envahit les ruelles. On accourt aux églises et l'on brûle des cierges, et l'on rend mille grâces et l'on chante : Vivat ! Sire Montfort n'est plus ! Ce tueur, ce bandit qui nous fit tant de mal est mort sans sacrements ! La musique des cors, des clairons et des trompes joyeusement se mêle aux tintements des cloches, aux tambourins bruissants, aux timbales battantes, et l'on danse en riant sur les places pavées. »

Amaury de Montfort fait transporter son père à Carcassonne où sa dépouille est préparée « selon l'usage français ». « Il consistait à séparer les membres du corps, puis le tout était mis à bouillir dans du vin jusqu'à ce que la chair se sépare des os. Alors on enterrait la chair et les entrailles, et l'on gardait les os[1]. » Ses funérailles, il va sans dire, sont celles d'un héros autant aimé de Dieu que vénéré des hommes. « Sur sa pierre tombale est clairement gravé qu'il est saint et martyr, qu'il ressuscitera, qu'il connaîtra la joie parfaite des Élus et ceindra la couronne à la droite de Dieu. » L'Anonyme[2] le dit mais

---

1. A. Erlande-Brandenburg, *Le roi est mort*, Arts et métiers graphiques, Paris, 1975.
2. Guillaume de Tudèle est l'auteur du premier tiers de la *Canso*. Après qu'il en eut abandonné la rédaction, lui a succédé un troubadour probablement toulousain dont le nom ne nous est pas parvenu, et que l'on a coutume de nommer l'Anonyme.

sa gorge se noue. Car le poète est toulousain, et proche des gens de son peuple. Alors au nom des siens, des chevaliers *faidits*, des brûlés, des mille misères que Montfort a partout semées, sa voix, après ces mots, s'élève rudement : « En sera-t-il ainsi ? Peut-être, en vérité. Si en tuant des hommes, en répandant le sang, en tourmentant des âmes, en prêchant des tueries, en suivant fausse route, en dressant des brasiers, en ruinant des barons, en rabaissant l'honneur, en pillant un pays, en attisant le mal, en massacrant des femmes avec leurs nourrissons, quelqu'un peut ici-bas conquérir Jésus-Christ, alors sire Simon au Ciel resplendira ! »

Il est rare qu'un homme inspire autant de haine et de vénération. Les siècles sont passés. En pays occitan on le déteste encore et l'on parle de lui, parfois, comme d'un soudard sans scrupules. En France, où Amaury fit porter son cercueil, on l'honora longtemps à l'égal d'un saint homme. L'église de Haute-Bruyère lui offrit un caveau devant son maître-autel. Sa dalle funéraire aux inscriptions usées par les pas des fidèles fut brisée par le temps. Au XVIIe siècle on découvrit les corps de Simon et d'Alix ensemble enveloppés d'un manteau de soie rouge. Au prieuré voisin étaient des religieuses. Du crâne de Montfort elles firent une relique. Il fut gardé longtemps sur le coussin brodé d'une châsse d'argent. On peut certes exécrer ce soldat redoutable. Mais qui voulut ses crimes et le feu des bûchers ? L'Église fut sa mère ogresse. Il l'a servie. La paix sur lui.

Sa mort délivre le pays. Les populations se soulèvent, trucident les envahisseurs, rappellent leurs anciens seigneurs. Les cathares reviennent en foule des grottes où ils étaient cachés, ils quittent les forêts, descendent des montagnes. Les châteaux repeuplés d'amis sûrs les accueillent. Les Parfaits hardiment s'opposent sur les places aux clercs théologiens en disputes publiques. Les papistes partout sont voués à l'enfer. L'hérésie a puisé, dans les malheurs subis, une vigueur de printemps neuf. Elle enfle, elle se répand avec un tel entrain qu'Honorius, le nouveau pontife, supplie le roi Philippe Auguste d'envoyer ses gens en croisade. L'autre se fait prier. Louis, son fils aîné, consent à la corvée. Parmi ses pèlerins sont trente ducs et comtes, un cardinal-légat et plus de vingt évêques. Il assiège Toulouse. En vain. Il s'en retourne, et pour venger l'échec qu'il a subi sans gloire il fait halte à Marmande et met la ville à sac. Ses cinq mille habitants, hommes, femmes et enfants, passent au fil de l'épée.

Amaury de Montfort n'a ni le cœur de roc ni la foi de son père. Il s'épuise à tenir son remuant pays. Le fardeau est trop lourd. En 1222, réduit au désespoir, il offre son comté au royaume de France. Philippe Auguste hésite un moment et refuse. L'Occitanie est loin, elle est sauvage, rude, impossible à mater, il a trop fort à faire aux frontières du nord. Et puis Raymond le jeune est son proche parent. Lui aussi le supplie de l'aider à survivre. Raymond le vieux va mal. Son fils demande au roi d'intervenir pour lui, à Rome, auprès du pape. Il veut que soit levée l'excommunication qui frappe sa famille, que l'Église à nouveau l'accueille et reconnaisse enfin ses droits. Il ne supporte plus le clergé toulousain, qui l'humilie sans cesse. Il faut entendre ici ce que subit son père pour que l'on sache bien de quelles cruautés l'évêque et ses abbés peuvent être capables. Le vieux Raymond n'est plus qu'un pauvre homme épuisé. Il a 66 ans. Il ne peut même pas mourir tranquillement. Un matin du mois d'août 1222, il va comme à son habitude à l'église de la Daurade. Comme à son habitude il prie devant la porte. Les excommuniés n'ont pas le droit d'entrer. Il est faible, malade. Il a beaucoup maigri. Il ne tient pas debout sans aide. Après son oraison ses proches le conduisent chez un ami consul où il espère prendre un moment de repos. Sous l'orme du jardin il grignote des figues, et tout à coup suffoque. Il se sent trépasser. Il demande, haletant, qu'on l'amène à la hâte à l'hospice Saint-Jean, chez les Hospitaliers. À peine y parvient-il que l'évêque et ses moines accourent à son chevet. On les a prévenus que leur vieil ennemi est au bout de sa vie. Ils ne sont pas venus par charité chrétienne, mais au contraire pour veiller à ce qu'il meure sans secours. Les voici donc autour du lit, raides, bilieux, la bouche close. Raymond leur tend les mains. Ils demeurent impassibles. Le prieur des Hospitaliers pris de pitié vient dans la salle et jette sur le moribond un manteau orné d'une croix. Deux moines veulent l'arracher. Désespérément il s'agrippe, mais il ne peut plus rien tenir. Il meurt ainsi, privé de tout.

En 1223 évêques et cardinaux tiennent un concile à Sens. On doit y évoquer les affaires occitanes. Le roi veut y venir, mais la fièvre le mine. Il se met en chemin et trépasse à mi-route. Les espoirs de Raymond s'en trouvent anéantis. Louis à peine couronné, l'Église joue les pousse-au-crime. Il faut qu'il reparte en croisade, l'avenir chrétien est en jeu. Il se laisse convaincre et il accepte, lui, les terres qu'Amaury revient lui proposer. Carcassonne, Béziers, le comté toulousain, les marches de Provence font désormais partie du royaume de France, et voilà Raymond VII face à un ennemi autrement effrayant que l'aîné des Montfort. Il résiste pourtant. Il appelle au secours son cousin d'Angleterre, Henri III, fils de Jean sans Terre, qui va plaider sa cause à Rome. Le pape admet enfin que le jeune Raymond est un catholique acceptable. Amaury de Montfort fait aussitôt savoir que cette absolution lui déplaît grandement. « Le roi Louis, dit-il, prend à cœur mes affaires. Pardonner ce vaurien notoire serait tenir pour rien sa couronne, sa foi et les vrais serviteurs de l'Église chrétienne ! » Bon nombre de prélats, en pays occitan, abondent dans son sens. Ces gens-là ont gagné des biens fort enviables à la faveur des troubles. Ils craignent que la paix ne les force à les rendre. Il faut donc que Raymond, pour qu'ils dorment tranquilles, soit à jamais tenu pour menteur, hypocrite et suppôt d'hérésie. Le pape Honorius tergiverse, encourage Amaury, lui envoie de l'argent, lui dit à demi-mot qu'il confie à ses soins le pays occitan, cette « terre de fer dont la rouille ne peut être ôtée que par le feu ». En 1225, au concile de Bourges, Raymond le jeune vient. Il supplie, s'humilie encore. Il veut que son comté lui soit restitué, et surtout que son père, abandonné aux rats dans un recoin de cave, puisse être enfin décemment enterré. Il est prêt pour cela à subir ce qu'on veut. Il n'est pas entendu.

En 1226, Louis VIII prend la croix et marche droit au sud, décidé cette fois à n'en pas revenir avant que soit conquis définitivement cet arrogant pays qui depuis trop longtemps bafoue l'ordre chrétien. Tous les barons du Nord le suivent avec leurs troupes. Tant à pied qu'à cheval ils sont cinquante mille. Avignon assiégée tient à peine trois mois. Raymond avec ses gens résiste comme il peut, détourne des convois, attaque çà et là quelques arrière-gardes, mais il est impuissant à contenir l'armée qui fait route vers l'ouest. Les villes, les châteaux se livrent sans combattre. Voici la plaine de Garonne. Voici Toulouse, à quelques lieues. Le roi Louis soudain s'arrête. Il ne tient plus sur son cheval. Il a la fièvre, il est malade. Sa troupe met le cap au nord, son roi veut retourner chez lui. Il meurt avant d'y parvenir.

Pour Raymond, c'est un vrai miracle. Sa ruine semblait consommée, et le voilà revigoré. Il reprend souffle. Il fait savoir qu'il désire toujours la paix, qu'il est prêt à payer son prix et qu'il veut surtout qu'on le lave du péché mortel d'hérésie. On l'écoute, à la cour de France, avec un intérêt nouveau. Blanche de Castille est régente. Elle est veuve de Louis VIII. Elle aussi a besoin de calme. Ses barons remuent, se querellent, se font des guerres de brigands. Raymond n'a qu'une fille. Elle est à marier. Qu'un des frères du roi la prenne pour épouse, et l'héritage de Toulouse reviendra pacifiquement, sans croisade ni vain tourment, aux prochains princes du royaume. L'affaire est prestement conclue.

Au matin du 12 juin de l'an 1229, à Paris devant Notre-Dame Raymond vient en chemise, humblement, tête basse, s'agenouiller aux pieds du cardinal-légat. Il demande pardon à sa mère l'Église, prie pour que soit levée l'excommunication qui frappe ses vassaux et se soumet à tout ce que voudra le pape. Après quoi il se rend à Meaux où l'attend un traité qu'il doit contresigner. Ordre lui est donné de séjourner au Louvre le temps que soient rasés les remparts de Toulouse. Sa fille et cinq châteaux seront remis au roi. Par serment il s'engage à mener un combat constant et sans merci contre les hérétiques. De retour dans son fief il n'aura de repos qu'il ne les ait d'abord persécutés à mort, fussent-ils ses parents, amis proches ou vassaux. L'Église, pour l'aider à cette tâche sainte, nommera sans tarder des moines inquisiteurs qui siégeront partout en juges souverains. Raymond paiera deux marcs d'argent par hérétique dénoncé. Enfin, il jouira du tiers de son comté jusqu'au bout de sa vie. Après quoi ses domaines iront en héritage à sa fille et à son gendre. Ainsi l'Occitanie sera française. Quant au fils de Montfort, à peine quelques jours après son ennemi il signe lui aussi l'abandon de ses droits au nouveau roi Louis. Et pour qu'il soit payé de ce dépouillement, on le nomme bientôt connétable de France.

La guerre des seigneurs, des princes et des brigands est désormais passée. On a perdu, gagné des terres, on a finalement traité, c'est là de l'histoire ordinaire. Une autre bataille commence, plus longue, plus sournoise, plus essentielle aussi. Le territoire à conquérir n'est plus ce que l'autre possède mais ce qu'il est, intimement. L'enjeu est ce que croit chacun, ce qu'il veut faire de son être. Chaque âme maintenant est un château à prendre, à défendre, à brûler enfin, s'il ne veut pas rendre ses armes. Le cardinal de Saint-Ange, légat pontifical, offre à l'armée de son Église quarante-cinq canons conciliaires (ainsi sont appelés les règlements nouveaux). Dans les villes, villages et hameaux du pays seront dressées les listes de tous les habitants. Les hommes, désormais, dès leurs 14 ans d'âge, et les femmes dès leurs 12 ans devront prêter serment à leur mère l'Église, point une fois pour toutes mais chaque deux années. Ils promettront de se tenir devant la juste foi catholique, de débusquer les hérétiques et de les dénoncer aux clercs. Sera jugé suspect qui gardera chez lui les livres de la Bible. Les seules lectures permises seront les psaumes et le bréviaire. Tous les chefs de famille assisteront sans faute aux messes du dimanche et des fêtes chômées. S'ils y manquent ils paieront douze deniers tournois chaque absence à l'office. Enfin quand un malade aura reçu l'hostie et l'onction des mourants, on veillera sur lui jusqu'à son dernier souffle, de peur qu'un mal-croyant ne vienne lui parler.

Les prêtres auront le droit, avec quelques laïcs choisis pour leur piété, d'entrer à tout instant dans les maisons suspectes et d'y fouiner à leur loisir. S'ils y découvrent un hérétique, la demeure sera brûlée. De plus, quiconque hébergera, pour argent ou par amitié, quelqu'un de la mauvaise secte, sera dépossédé de tous ses biens terrestres. Les évêques présideront au jugement des mal-croyants. L'accusé repenti, s'il l'est de bonne foi, devra porter sur son habit deux croix d'étoffe bien visibles. Il sera libéré, mais n'aura plus le droit d'exercer son métier. Il mendiera son pain, moqué de tout le monde, et ne trouvera plus ni femme pour son fils, ni mari pour sa fille. Si son renoncement n'est pas jugé sincère, il ira en prison, où il sera tenu strictement emmuré, pieds et poings enchaînés, dans un étroit cachot dépourvu de lucarne. Quant à ceux qui, malgré les prières des clercs, s'obstineront dans leurs erreurs, ils seront menés au bûcher. S'ils sont morts hérétiques on les arrachera à la terre chrétienne et leurs corps pourrissants seront livrés aux flammes. Il n'y aura de pitié ni pour les vieilles gens, ni pour les impotents. Ainsi une mourante vendue *in extremis* aux clercs par sa servante, un matin de printemps 1234, traversera Toulouse sur son lit d'agonie portée par quatre moines et comme un sac d'ordures sera jetée au feu allumé dans un champ nommé le Pré-du-Comte.

On estime bientôt les évêques peu faits pour ces travaux d'inquisition. Ils sont pour la plupart fils de nobles locaux, l'hérésie a parfois rôdé dans leurs familles. Ils manquent de froideur, de hargne répressive. Dès 1232, Grégoire IX le nouveau pape les renvoie à leurs évêchés. Il le fait en termes fort doux. « Voyant, leur écrit-il, que vous êtes entraînés dans un tourbillon de soucis et que vous respirez à peine sous la pression des inquiétudes, nous avons décidé d'envoyer les frères prêcheurs dominicains contre les hérétiques de France et des nations voisines. Nous vous supplions et exhortons, au nom de la vénération que vous éprouvez pour le Siège Apostolique, de les recevoir amicalement, de les bien traiter et de les seconder de votre bienveillance, de vos conseils, de votre appui[1]. » Ce n'est pas là simple anecdote. Évêques et cardinaux n'auront aucun pouvoir sur ces frères prêcheurs. Ils seront nommés par le pape, ne rendront de compte qu'à lui. Le combat contre l'hérésie n'en sera que plus efficace.

Un an plus tard, Grégoire IX (par quelle inspiration soudaine ?) nomme auprès de ces juges, afin qu'ils siègent ensemble, des frères franciscains.

---

1. Cité par Jacqueline Martin-Bagnaudez, *L'Inquisition, mythes et réalités,* Desclée de Brouwer, 1982.

Il veut que la rigueur soit tempérée d'amour. L'expérience est brève autant que lumineuse. La compassion n'est pas une arme. Elle n'a pas sa place à la guerre. Or, c'est la guerre que l'on fait. Les disciples de saint François prennent en pitié les gens, répugnent à les punir, s'effraient des cruautés dont ils se voient complices. Leurs sévères confrères en sont impatientés. Eux ne consultent pas leur âme avant d'absoudre ou châtier. Ils n'observent que la loi stricte. Ils exigent des coudées franches. Entre ceux qui s'appliquent au ménage du monde et les mystiques épris d'amour universel, le pape doit trancher. Il choisit les premiers. Désormais les prêcheurs iront seuls au combat, avec tous les pouvoirs, face à tous les dangers.

Car s'ils effraient beaucoup, on les hait plus encore. Les guerres, les croisades ont brisé le pays, point l'élan des amants du Ciel. En 1225 sont créés deux nouveaux évêchés hérétiques. L'éthique des Bonshommes est toujours aussi pure, mais leur Église se raidit. Elle s'adapte aux lois de la guerre. Le seul péché impardonnable était autrefois la débauche. C'est maintenant l'apostasie. Qui renie sa foi est maudit. Marchands et paysans, petits seigneurs, notaires, écrivains publics, artisans demeurent fidèles à leur cause. Les diacres, les Parfaits sont souvent médecins. Ils vivent pauvrement, mais ils ne sont pas pauvres. Les aumônes, les quêtes et les legs des mourants assurent à leurs communautés des revenus considérables. Ils prêtent à intérêt, achètent des maisons, des ateliers, des champs, se font hommes d'affaires et s'entendent fort bien à faire argent de tout. Ils en ont grand besoin. Faire évader leurs gens qui croupissent en prison, corrompre leurs gardiens, assassiner les traîtres et les inquisiteurs leur coûte des fortunes. Les administrateurs et les économistes prennent ainsi peu à peu le pas sur les mystiques.

Les Bonshommes demeurent purs, hors des compromissions et des ruses marchandes, mais les nécessités matérielles gouvernent, et l'exigence spirituelle est parfois rabaissée. Bon nombre de Parfaits s'exilent en Lombardie. Ceux qui restent risquent beaucoup. Ils ne s'en plaignent pas. Nous seuls en notre siècle considérons la mort qu'ils s'exposent à subir comme infecte et désespérante. Eux pensent que le feu leur ouvre le ciel. Il n'est pas, selon leur foi, de trépas plus heureux. Ils citent l'Évangile : « Bénis sont à jamais ceux qui pour la justice se voient persécutés. » Certes, ils sont bien armés pour résister longtemps, forts de leurs sacs d'écus, de leurs hommes de main et du respect du peuple. Mais ils le sont aussi pour mourir hautement.

Les croisades ont laissé quelques lieux inviolés au fin fond des Corbières et des terres d'Ariège. De nombreux Bonshommes y vivent hors du monde, en paix avec le ciel que tutoient leurs châteaux. Montségur est la plus peuplée de ces « citadelles du vertige[1] ». Raymond de Péreilhe en est le seigneur. Sa femme Corba, sa fille Esclarmonde et lui-même aussi sont croyants cathares. Le Parfait Bertrand et ses diacres demeurent chez eux. Autour des remparts, dans des maisons basses accolées au roc sont des réfugiés venus de partout, presque tous Parfaits. Leur nombre est estimé à près de cent cinquante.

---

1. Voir Michel Roquebert, *Citadelles du vertige*, Privat, Toulouse, 1972.

Chevaliers, écuyers et simples hommes d'armes ne sont pas plus de cent. C'est assez pour tenir. La nature défend avec eux le château, sur son *pog* raviné, il paraît imprenable. Or, vers le mois de mai 1242, leur vient cette nouvelle : les inquisiteurs de Toulouse font route vers Avignonet. Quatre frères dominicains, deux franciscains, un archidiacre avec leur suite de greffiers tiendront bientôt leur tribunal dans cette ville. Ces hommes ont déjà fait brûler une trentaine d'hérétiques. À Montségur les yeux s'allument. Une expédition est possible, on a là-bas quelques amis. On tue cette poignée de diables et l'on s'en retourne à l'abri.

Ils sont près de cinquante à quitter leur repaire, un matin, en secret, armés de pied en cap. Au soir du 28 mai, veille de l'Ascension, les voici à pied d'œuvre. Les frères inquisiteurs finissent de dîner dans le château fermé. Dehors, sous le ciel noir, à l'ombre des murailles, le commando attend. Les lumières s'éteignent aux fenêtres des salles. Les diables sont couchés. Un complice furtif vient ouvrir le portail. Les fous de Montségur envahissent la place. Ils abattent les portes à grand fracas de haches et de bottes ferrées. Dans leur dortoir les moines épouvantés se dressent. Ils sont tous en chemise. À peine ont-ils le temps d'appeler au secours la Vierge et son Enfant. Ils sont tranchés en deux, troués, brisés, ouverts de la tête aux entrailles, après quoi les soudards ramassent ce qu'ils trouvent autour des corps sanglants, emplissent à la hâte leurs sacs de livres, bourses et vêtements et s'en retournent à leur montagne.

Lorsque dans le pays les moines, les évêques, les prêtres et leurs fidèles apprennent le massacre, l'effroi les laisse pâles et le souffle coupé. On informe le pape, on fait aux onze morts de grandes funérailles, on parle bientôt d'eux comme de « saints martyrs ». Le scandale est si grand, l'indignation si vive, l'émotion si durable qu'une foule de gens racontent à qui le veut les soudaines visions qui les ont visités la nuit de la tuerie. Une femme, à Toulouse, tandis qu'elle accouchait a vu le ciel s'ouvrir et par ce trou d'en-haut tomber des flots de sang. L'ombre aussi s'est fendue au-dessus d'un couvent, mais ce fut pour laisser passer une lumière. Des moines en furent les témoins. Le roi d'Aragon même a vu cette nuit-là une grande lueur traverser le ciel noir. Mais tandis que l'on pleure et que l'on joint les mains aux portes des églises, ailleurs, dans les villages, on s'embrasse en riant, on crie au pas des portes que les démons sont morts, que le pays est libre et l'avenir enfin ouvert au grand soleil. C'est une erreur terrible et bien souvent commise de croire qu'il suffit de trucider dix juges pour que l'ordre qu'ils servent disparaisse avec eux. De fait l'Inquisition puise, dans ce massacre, une force féroce. Une brève révolte enflamme le pays. Une armée de *faidits* déferle sur les routes. Elle prend quelques châteaux. Elle est bientôt trahie, défaite, dispersée. La vraie fin de l'espoir n'est plus guère éloignée. Là-haut, à Montségur dressée comme la borne ultime de l'histoire on voit un jour paraître au fond de la vallée la troupe française et croisée. Elle est au bout de sa conquête. Les Parfaits aux créneaux ne peuvent fuir plus loin. Leur chemin désormais monte droit vers le ciel. Ils y seront bientôt.

6
Les derniers errants

S'il est un lieu sacré, un lieu qui parle au cœur de ceux pour qui ces temps lointains sont demeurés vivants comme des souvenirs agrippés à l'âme et au corps, c'est ce mont-là et ce château. Son nom sombre, têtu, évoque une foi sans discours, une certitude abrupte et pourtant tranquille. On dit en occitan *« plan segur »* pour « bien sûr ». Montségur est la sûre demeure, celle où l'on se trouve à l'abri de tout, y compris du doute. Au-delà d'elle, c'est le ciel, l'histoire infinie, silencieuse, et donc, à sa porte, on se tait. On ne peut pas monter plus haut, que l'on soit marcheur ou mystique. Ses murs semblent dressés à l'exacte frontière entre la pesanteur et la grâce. Est-il endroit mieux désigné pour attendre la fin du monde ? C'est là que les meilleurs de l'Église cathare ont choisi de veiller, peut-être d'espérer, en tout cas d'accueillir la mort, s'il lui plaît de venir les prendre.

En avril 1243, apparaissent sur le chemin de la vallée tant de chariots, d'étendards, de cavaliers et de fantassins que l'on peut croire accourue une pleine ville de gens dans ces lieux où n'avaient jamais régné que de furtives bêtes de montagne. Hugues des Arcis les commande. Jusqu'au plein été ils n'inquiètent guère. Sur l'épaule du mont la forêt est épaisse, les ravins sont profonds et des chemins cachés joignent la citadelle aux villages alentour d'où viennent quand il faut assez de sacs de blé et de tonneaux de vin pour tenir sans souci. Or, voilà qu'au mois d'août les croisés s'impatientent. Si l'on ne tente rien, se dit-on, dans leur camp, autant s'en retourner. À quoi bon s'obstiner à contempler sans fin ce château de plein ciel si l'on n'a pas l'espoir d'atteindre ses murailles ? D'intrépides Gascons parmi les gens d'en bas examinent la cime et les chemins possibles, s'interrogent un moment et décident enfin une folle escalade. Il est au flanc de la montagne un à-pic vertical. Une tour est plantée, là-haut, au bord du vide, à l'écart de la citadelle. S'ils parviennent à gravir ce roc vertigineux, à prendre la bâtisse, à s'y tenir enfin le temps qu'une pierrière y soit mise en état de battre le rempart, Montségur n'est plus invincible. Ils grimpent en pleine nuit, de failles incertaines en saillies agrippées au-dessus de leur tête, sans jamais regarder plus haut que leurs dix doigts ni plus bas que leurs pieds où de loin en loin cascadent des cailloux. Une heure avant le jour ils parviennent à l'extrême pointe du sommet, investissent la tour qu'on ne surveille guère, hissent des madriers, construisent leur engin. Voilà bientôt battus les créneaux, les toitures. Les défenseurs courbent le dos sous les giboulées de caillasses et les cœurs peu à peu comme les murs s'ébrèchent, et l'espoir s'affaiblit.

Quelques renforts viennent pourtant, on tente des sorties, mais on s'acharne en vain à reprendre aux

Gascons leur nid au bord du gouffre. Un dénommé Bertrand de la Baccalerie arrive en plein hiver. Il est ingénieur en machines de guerre. Il dit à ceux d'en haut que Raymond de Toulouse espère leur victoire, que c'est lui qui l'envoie, qu'il ne faut pas céder, qu'il compte ses soldats, qu'il accourt à leur aide, mais ils ont beau guetter sur leur chemin de ronde, ils ne voient que la brume et les sentiers déserts. Raymond ne viendra pas. Ils sont seuls. Ils le savent. L'ingénieur repart sans avoir pu briser l'accablant battement qui fait trembler les murs, troue les auvents de bois et fend les palissades. Il faut négocier, sauver ce qui peut l'être. Des chevaliers sans armes descendent au camp croisé. Ils proposent une trêve à Hugues des Arcis qui les reçoit devant sa tente avec sa garde de prélats. « Si l'on vous livre tout, nos biens, notre château, notre vie, disent-ils, qu'adviendra-t-il de nous ? » La réponse est sévère : « La liberté pour ceux qui renieront leur foi, le bûcher pour les autres. » Il faut capituler, il n'y a pas d'autre issue. Mais là-haut, ils sont tous cathares. Ceux d'entre eux qui sont morts au cours des mois de siège ont été consolés. Il n'est pas un sergent qui n'ait offert son front à la bénédiction d'un de leurs saints Bonshommes. Le combat, désormais, se fait profond, intime. Il n'y a plus ni chasseurs ni gibiers hérétiques. Dans le cœur de chacun il y a la foi dressée contre la peur panique, il y a l'envie de vivre et le désir de ciel, il y a l'amour poignant de la chair, de la terre et l'espoir insensé d'un envol chez les anges.

Dès Noël les Parfaits ont fait évacuer une part de leurs biens. Deux hommes sont partis avec des sacs pleins « d'or, d'argent, et d'une quantité infinie de monnaie ». Ils ont, sans grand souci, franchi les lignes adverses. Parmi les croisés qui montaient la garde étaient des soldats du pays qu'ils connaissaient et qui leur ont indiqué les sentiers où ils ne risquaient pas de mauvaises rencontres. Ils ont cheminé hors des routes passantes jusqu'à «une grotte du Sabarthès où était Pons-Arnaud de Châteauverdun[1]». C'était probablement un lieu fortifié. Ils ont enfoui là leur trésor. La nuit du 15 mars, ils sont quatre à quitter leur repaire céleste. Ils descendent le long de l'à-pic broussailleux sur lequel est planté le rempart du donjon. Avec ceux de leur Église qui se cachent au château d'Usson ils sont chargés de récupérer cette fortune que leurs compagnons ont dissimulée et de la porter en un autre lieu sûr où elle sera aisément accessible aux clandestins errants d'Ariège, du Razès et des monts des Corbières.

Les Parfaits ce soir-là distribuent aux soldats leurs outils d'artisans, leurs vêtements, leur sel, et leur réserve d'huile, de cire, de froment. Le lendemain matin, ils se préparent tous à quitter leur montagne. Deux portes sont ouvertes, l'une sur le plein ciel et la face de Dieu, l'autre sur la vallée. Outre tous les Bonshommes, environ vingt fidèles ont choisi d'en finir avec la vie pesante. Parmi eux sont Corba de Péreilhe et sa fille Esclarmonde, treize sergents dont deux sont avec leurs épouses, deux femmes dont on ne sait rien et Raimond de Marseille, un chevalier *faidit* dont la mère Floris est parmi les Parfaites. Au petit jour l'armée investit le château. Les quelques défenseurs qui ont choisi de vivre regardent s'éloi-

---

[1]. Déposition d'Imbert de Salles devant l'Inquisition, cité par Michel Roquebert, *L'Épopée cathare*, t. 4 : *Mourir à Montségur*, Privat, Toulouse, 1989.

gner plus de deux cents d'entre eux vers un enclos de pieux préparé à la hâte où déjà monte un feu qui fait trembler l'air gris.

Ce 16 mars 1244, brûlent à Montségur les plus hautes figures de l'Église cathare. Il reste cependant un peu partout des hommes qui s'obstinent à prêcher, à visiter la nuit les familles croyantes, à consoler les moribonds. Leur vie est désormais hasardeuse et fragile. Ils s'épuisent à courir leur chemin solitaire, à fuir au moindre bruit suspect devant la porte, à regarder l'ami comme un traître possible. L'inquisiteur Ferrier a pris la succession des morts d'Avignonet. Le pardon des offenses est pour lui lettre morte. Il hait obstinément. Sa rage est méthodique, impitoyable, froide. Il paie les délateurs, recrute ici et là des chasseurs d'hérétiques, apprend aux gens par quelles ruses embobiner les mal-croyants. Ainsi sont prises un jour Agnès et Séréna, deux femmes soupçonnées d'être proches amies de Parfaites notoires. Elles sont citées à comparaître, à Toulouse, devant Ferrier. Elles s'en effraient, prennent la fuite, se fardent de blanc le visage comme font les prostituées. Elles espèrent passer pour ce qu'elles ne sont pas, tromper ceux qui les cherchent et quitter le pays. Elles font halte dans une auberge. Le tenancier, finaud, se dit qu'elles n'ont pas l'air de putains ordinaires et flaire bientôt là de ces mauvais chrétiens que les moines paient cher. Il leur donne une poule à saigner et plumer. Il sait que les cathares ont horreur de la viande et que tuer une bestiole, fût-elle élevée pour cela, est chez eux un acte interdit. Agnès et Séréna tergiversent, se troublent, refusent le couteau que leur tend le bonhomme. L'autre prétend aller chercher quelques sous de légumes frais au marché de la rue voisine et s'en revient avec un troupeau d'hommes d'armes. Les fausses garces aussitôt arrêtées sont jugées le jour même et conduites au bûcher.

Nombreux sont ceux qui se font prendre à de semblables perfidies. Pour comble, les Bonshommes avouent tout ce qu'on veut devant l'Inquisition, non point par lâcheté mais parce que le mensonge est à leurs yeux abject, et que la vérité doit être en tout servie. Qu'on leur demande donc si tel ou tel suspect est de leur confrérie, ils répondent à voix claire et sans aucun détour. Ils font ainsi chez eux de douloureux ravages. Parmi ceux qui échappent aux traques policières beaucoup de ces Parfaits désormais vagabonds, pour espérer survivre, s'exilent en Lombardie. Là sont des villes franches où l'Église cathare est encore puissante. Ne reste plus bientôt en pays occitan que des prédicateurs ordonnés à la hâte et laissés sans soutien dans les rigueurs du temps. Leur savoir est chétif, leur talent souffreteux. De plus en plus ils peinent à ranimer la vie dans les maisons amies.

Ils ne sont plus guère protégés par les seigneurs locaux presque tous ralliés, de bon ou mauvais gré, aux maîtres du pays. Seuls de rares *faidits* s'obstinent à mener des combats sporadiques. De fait, le plus souvent, ils se bornent à tuer là quelques renégats, là tel traître notoire, bref ils finissent leur carrière en assassinats militants. La vie d'Amblard Vassal, pour ce que l'on en sait, dit l'état pitoyable où sont tombés ces gens autrefois chevaliers, maintenant égarés loin de leurs maisons fortes où vivent des Français. Il a longtemps été fidèle à l'hérésie. Il a reçu, un jour, le *consolamentum*. Il était moribond, du moins il le croyait. Il revient à la vie. Quelqu'un, on ne sait qui, vient à le dénoncer. Le voilà convoqué devant le tribunal entre tous redoutable. Il n'est pas condamné. Le frère inquisiteur Étienne de Gâtines lui propose un marché. Qu'Amblard se mette à son service, et tout lui sera pardonné. De plus, comme il n'a plus ni château ni fortune, on veut bien ajouter à ce contrat secret quarante sous d'argent. L'autre accepte et s'en va. Il revoit des Parfaits, des compagnons *faidits* anciens petits seigneurs du pays albigeois. Il se joint à leur troupe et dépense ses sous sans se préoccuper de tenir sa promesse au frère inquisiteur. Entre deux brigandages il recherche sa femme, enfuie il ne sait où pendant qu'il marchandait sa vie devant ses juges. Il la retrouve un soir devant une taverne où elle mendie son pain. Il repart avec elle, et l'on perd son chemin qui de toute façon, en ces temps malheureux, ne mène nulle part qu'aux bas-fonds de l'oubli.

Vers 1260, l'hérésie agonise. L'Inquisition peut donc relâcher son étreinte. On en vient à traiter avec les mal-croyants. L'argent peut désormais racheter quelques fautes autrefois passibles de prison stricte, ou pour le moins du port des croix. Plutôt que de vouer à des peines mortelles un village contaminé par les prédications hérétiques on impose à ses gens de bâtir à ses frais une église nouvelle. Rien n'est joué pourtant, malgré les apparences. Les Parfaits, peu à peu, reviennent d'Italie, s'insinuent à nouveau parmi la bourgeoisie des villes et des campagnes où leur foi est restée secrètement vivace. Le feu de l'âme est décidément plus ardent que celui qui brûle les corps. Il semble n'être plus que cendres, et voilà qu'un souffle suffit à faire briller à nouveau les regards, à éclairer aussi quelques recoins d'histoire oubliés, étonnants.

On ignore parfois que les prêtres et les clercs ne furent pas toujours imperméables aux prêches des Bonshommes. Pons de Châteauverdun, un jeune et beau Parfait, émut, dit-on, des nonnes au point qu'elles le recueillirent et le cachèrent une pleine année dans le grenier de leur couvent. Plus exemplaire encore, et en tout cas mieux attestée, est la prolifique carrière du *faidit* Guillaume Pagès. Il s'en revient de Lombardie en 1259. Vingt ans durant il va, de village en château, consolant à leur dernière heure des nobles de haut rang, leurs épouses, leurs proches, et outre ces gens-là dont seul le nombre étonne, une cohorte inattendue d'ecclésiastiques à bout de vie. Il n'est pas le seul. Guillaume-Arnaud Morlane, chanoine à Carcassonne et futur évêque, appelle à son chevet un jour de maladie Frère Isarn de Canois, ex-curé converti à la foi hérétique. Deux Parfaits sont, à Pennautier, auprès d'un recteur moribond. Bref les hommes d'Église n'espèrent pas tous leur salut d'un Jésus boutefeu, percepteur de patentes et marchand d'indulgences. Certains, par nostalgie du Royaume oublié ou crainte pour leur âme, tendent la main aux Purs à l'instant de franchir le seuil de l'au-delà.

Le fossé est profond entre les gens du peuple et le clergé papiste. Les prieurs font bâtir partout des abbayes. Ils ont besoin d'argent. Ils rançonnent les pauvres et les inquisiteurs leur fournissent souvent la main-d'œuvre qu'il faut, terrorisée, gratuite et taillable à merci. On renâcle dans les villages, et faute de pouvoir s'insurger haut et fort, on déteste à mi-voix, on rumine, on ricane et l'on voue à l'enfer les évêques et leur train. Les cathares, prudents, proposent aux rancuniers une foi adaptée à l'air des temps nouveaux. Malgré les maux subis ils sont demeurés droits, sans prétentions terrestres, et dignes de confiance. Plus que les gens d'Église ils sont, assurément, dans la faveur de Dieu. Si l'on veut trépasser sans crainte de l'enfer, il y a donc avantage à suivre leur chemin. Voilà ce qu'ils laissent entendre à qui veut bien les écouter.

Leur dogme, cependant, s'est beaucoup affadi, peut-être par souci de ne point effrayer les possibles fidèles, peut-être par simple ignorance de ce que l'on savait au temps déjà lointain où les communautés étaient fortes et nombreuses. L'enseignement n'a plus la rigueur d'autrefois, et les nouveaux Bonshommes, loin des maîtres de leur Église et des sources revigorantes, sont trop souvent abandonnés à leur mémoire incertaine. « J'étais chez Bernard del Pech, à Prades, raconte un dénommé Bernard de Montesquieu. J'y ai rencontré le parfait Guillaume Prunel et son compagnon Bernard Tilhols, de Roquevidal. Ils se sont assis et ils ont commencé à se vanter de leur abstinence, de la pureté de leur vie, du scandale de la persécution qu'ils subissaient pour Dieu, et autres choses ayant l'apparence du bien, et qui m'ont plu. Je leur ai demandé s'il était vrai que le diable avait créé le corps de l'homme. Ils m'ont répondu qu'ils n'avaient jamais dit cela, mais que des gens mal intentionnés leur avaient imputé cette croyance, et ils ne s'étendirent pas davantage[1]. » Ce Montesquieu peut-être a joué l'innocent devant l'inquisiteur qui fouillait son passé. Il est cependant

---

[1]. Cité par Jean Duvernoy, *Le catharisme : l'histoire des cathares*, Privat, Toulouse, 1979.

vrai qu'au temps des grands débats et des prédications des vieux lettrés cathares nul n'aurait pu commettre une pareille erreur.

Il est en l'homme une puissance étrange qui l'élève parfois infiniment plus haut que le corps qu'il habite, que l'esprit qu'il se croit, que les sens qui l'animent. Beaucoup, en ce temps-là, ont connu ce mystérieux arrachement à eux-mêmes. Parmi ces gens il est un être que rien n'a préparé à l'étrange travail qu'il se sent obligé, tout à coup, d'entreprendre. Quand, vers l'an 1300, apparaît Pierre Authié en pays occitan le catharisme, usé par ses marches forcées à travers les garrigues, n'a plus assez de souffle pour embraser les cœurs. Il lui rend sa grandeur, sa dignité austère et sa force perdue. Il a longtemps vécu tranquille et sédentaire. L'exigence des Purs ne fut jamais chez lui un élan de jeunesse. Lorsqu'il s'éveille à elle il a la cinquantaine, il a trois fils, trois filles, il a pignon sur rue. Il est, à Ax-les-Thermes, un notaire estimé. Sa famille, autrefois, fréquenta les cathares. Il préfère les livres aux discours de plein vent. Ils sont certes interdits, mais quelques colporteurs vendent sous le manteau d'innocents évangiles ou des brochures pieuses au parfum d'hérésie. Un jour, dans sa maison, il lit sous la chandelle. Il désigne une page et tend soudain l'ouvrage à son frère Guillaume assis auprès de lui. L'autre parcourt les lignes et demeure rêveur. Pierre, pensif aussi, hoche la tête. Il dit : « Que t'en semble, mon frère ? » Guillaume lui répond : « Je crois que jusqu'ici nos âmes étaient perdues. » « C'est mon avis, dit Pierre. Allons donc maintenant chercher notre salut. » Et sans autrement hésiter ni peser le pour ou le contre ils laissent là leurs biens, leur maison, leur famille et s'en vont pour la Lombardie.

Après deux ans de noviciat ils sont ordonnés à Visone. Ils s'en reviennent en Sabarthès avec trois compagnons comme eux nouveaux Parfaits, Pierre-Raymond de Saint-Papoul, Amiel de Perles et Prades Tavernier. Sans doute se font-ils passer pour des marchands, puisqu'on sait que dans leur bagage est un lot de couteaux de Parme. À Junac où ils vont d'abord, le forgeron Pierre Marti les cache dans son colombier. Ils en sortent la nuit pour aller visiter des familles croyantes. Ils sont infatigables. À Tarascon, Larnat, Mérens, Quié, Carol, partout dans le pays chez ceux qui les accueillent, ils parlent à voix basse avec une vigueur qu'on ne connaissait plus aux rares Parfaits de passage. En l'an 1300 Guillaume et Prades Tavernier vont prêcher en pays d'Allion, en Razès aussi, en Corbières. Pierre revient à Ax-les-Thermes. Il trouve un abri sûr chez son frère Raymond. Il rencontre en secret la noblesse locale. La vieille foi dormait dans le cœur de ces gens. Il est tant éloquent, son savoir est si vif et sa ferveur si franche qu'on l'estime bientôt comme un père sauveur. Il est assurément un homme d'envergure, et l'on peut supposer que ses maîtres lombards l'ont chargé d'un travail plus vaste et plus précis que d'aller çà et là réveiller les fidèles. Relever en terre occitane la vieille Église des Parfaits, lui redonner son lustre, attirer dans son sein les meilleurs du pays, voilà probablement ce qu'on attend de lui.

Il s'installe à Toulouse où l'héberge un ami dans une humble maison près des Bains du Bazacle. Mais il dispose aussi d'un mas à Tarabel, d'un gîte à Montaudran et d'un autre aux Hugoux. Il va jusqu'en Quercy secouer la torpeur des âmes. Il fait tant et si bien qu'il lui faut ordonner des Bonshommes nouveaux. Il initie son fils qui lit comme son père et

« prêche comme un ange ». Il dispose bientôt d'une armée de Parfaits digne des anciens temps. Pierre Authié les tient droits. Il raffermit le dogme, il précise les rites. Si, avant sa venue, la doctrine cathare était presque perdue, la voilà maintenant clairement restaurée.

L'Inquisition, bien sûr, fait une guerre acharnée à ces nouveaux mystiques. En l'an 1305, un fidèle arrêté en dénonce beaucoup. Les gens du tribunal lui donnent en récompense une poignée de sous et le rendent à ses frères. À peine libéré, il dit à Jacques Authié, le jeune fils de Pierre, qu'un mourant à Limoux veut recevoir de lui le *consolamentum*. Jacques sait ce qu'il risque. Il n'a guère confiance. Un croyant relâché est toujours dangereux. Il suit pourtant cet homme. Pourquoi ? Parce qu'il doit. Il a l'obligation d'aller, quoi qu'il en coûte, où son devoir l'appelle, même s'il sait qu'un loup l'attend. Il est pris et jeté aussitôt en prison. Les geôliers, par bonheur, sont aussi corrompus que les mouchards des Purs. On le fait évader. Il est bientôt repris, et cette fois brûlé. En mars 1308 les frères inquisiteurs, qui sont partout en chasse, apprennent que Guillaume Authié est de passage à Montaillou. Ils lui envoient leur police. Des croyants avertis de l'arrivée des sbires noircissent sa figure, lui plantent sur le crâne un sac de bûcheron, lui mettent une hache à l'épaule. Il peut ainsi s'enfuir avec quelques compères. Pierre Authié, ces jours-là, est dans un mas perdu du côté de Verlhac. Il est en travail saint. Il ordonne un Parfait. On vient le prévenir que les hommes d'Église et leur troupe ferrée fouillent les maisons du village. Il s'en va à Beaupuy, chez un autre fidèle. Il reste là caché une semaine ou deux.

Fin août 1309, il reprend son chemin qu'il voudrait infini. Il ne marche qu'un jour. Il est pris cette fois sans espoir de secours.

Il est à bout de forces. Il est vieux, sa santé n'est guère florissante. Peut-être au fond de lui accueille-t-il avec soulagement ces gens qui l'empoignent et l'entraînent. Jacques, son fils, est mort. Outre ce bien-aimé, combien de compagnons a-t-il perdus en route ? Presque tous ont brûlé. On le mène au Mur de Toulouse. Les frères inquisiteurs le confrontent aussitôt avec Amiel de Perles qui vient d'être arrêté à Verdun-Lauragais. Sans se préoccuper de ces hommes d'Église qui se pressent autour d'eux ils échangent le *melioramentum*, le salut de l'Esprit dont tous deux sont porteurs. Amiel s'est mis en *endura*. Il ne se nourrit plus. Il veut jeûner à mort. Ses juges l'en empêchent. Ils tiennent à ce qu'il soit publiquement brûlé. Le 23 octobre, on le conduit d'urgence au feu du Pré-du-Comte. Pierre reste en prison encore quatre mois. Il dit tout ce qu'il sait à ceux qui l'interrogent, parce qu'il ne peut mentir, et puis peut-être aussi parce que dans son vieux cœur plus rien ne veut rester de ce qu'il a vécu dans ce monde du diable. Le 9 avril 1310 la porte du cachot pour la dernière fois s'ouvre à ses yeux usés. On le mène au bûcher. Tandis qu'il traverse la foule accourue pour le voir mourir, il se redresse et dit aux moines qui le poussent : « Voyez ces pauvres gens. Si je pouvais prêcher à l'instant devant eux ils seraient bientôt tous convertis à ma foi. » Il trépasse sans autre mot.

Ceux qui restent de ces Parfaits qu'il a conduits dix ans durant à l'impossible reconquête des âmes ne lui survivent pas longtemps. Le vieux Sans

Mercadier, désespéré après la capture de Pierre, se laisse mourir de chagrin. Guillaume Authié est pris avec Arnaud Marti et Prades Tavernier. Ils sont brûlés à Carcassonne avant l'hiver 1310. Pierre Sans avec quelques autres parviennent à quitter le pays. Certains partent en Catalogne, d'autres retournent en Lombardie. Du moins c'est ce que l'on suppose, car leur trace bientôt se perd. Il n'y aura plus de rémission. La foi des Purs est à sa fin. Seuls prêchent encore, çà et là, quelques fuyards insaisissables que guident des bergers sous le vent furibond des garrigues. Le dogme, la doctrine stricte ? On ne peut plus les enseigner posément, comme il faudrait faire. Jour après jour il faut survivre, quitter l'auberge au moindre bruit de bottes ferrées dans la cour, attendre que tombe la nuit pour se risquer dans les villages, se contenter, chez les fidèles, de rites furtifs, à peine ébauchés, d'entretiens dans un coin de l'âtre. Qui veut encore être ordonné ? Presque personne. Et qui ordonne ? Celui qui peut, et comme il peut. On n'a plus le temps de peser les mérites de l'un ou l'autre.

Ainsi Philippe d'Alayrac, un des derniers Parfaits à courir les chemins après la mort de Pierre, est reçu une nuit chez le vieux Bélibaste, un fermier de Cubières à la foi rocailleuse. Guillaume, son garçon, vient de tuer un homme. Il l'a fait sans vouloir, au cours d'une dispute avec un journalier qui l'avait menacé un peu trop vivement d'aller le dénoncer aux religieux papistes. Philippe persuade ce meurtrier au cœur lourd de partir avec lui. Ils vont à Rabastens, sur les rives du Tarn, où d'Alayrac l'instruit, lui impose trois jeûnes, l'affine et le prépare au travail des Bonshommes. Guillaume Bélibaste est un paysan simple, il n'a jamais rien lu, il ne sait pas grand-chose. Il apprend, pauvrement. Son noviciat est bref. Le voilà consacré. Il va, avec Philippe, où les gens les appellent, ils prêchent quand ils peuvent, offrent le réconfort de leur foi moribonde à qui le veut encore. Ils sont, bien sûr, traqués, et bientôt arrêtés sur un chemin d'Ariège. On les conduit ensemble au Mur de Carcassonne. Ils n'y demeurent guère. Leurs amis soudoient les gardiens. Ils s'évadent, un matin, se cachent jusqu'au soir dans le lit d'un torrent, puis s'enfuient vers le sud et par le Roussillon parviennent en Catalogne. Mais d'Alayrac ne veut pas de l'exil. Il laisse là Guillaume et s'en revient chez lui. Les croyants, au pays, sont encore nombreux. Il pense à leur détresse, à leur foi sans secours. Il faudra bien, pourtant, qu'ils survivent sans lui. À Roquefort-de-Sault il est bientôt repris, jugé en quelques jours et conduit au bûcher.

Guillaume Bélibaste poursuit seul son chemin jusqu'à San Mateo où vit une communauté de cathares ariégeois. Parmi ces réfugiés sont Sibille et Raymonde, les sœurs d'Arnaud Marti, un fidèle d'Authié brûlé en Toulousain. Il succombe bientôt à l'amour de Raymonde, il lui fait un enfant, et pour sauver la face il la marie avec un de ses amis proches, un berger au cœur de bon pain. On peut certes juger sa conduite coupable. Elle l'est. Mais il est seul, sans compagnon, sans maître, et son âme n'est pas celle d'un saint martyr. Il n'est qu'un paysan jeté sur les chemins avec sur son échine un fardeau trop pesant. Il tombe, il se relève, il marche comme il peut. Sans doute souffre-t-il de ces manquements graves à la règle des Purs. Quand il prêche ou qu'il prie, la nuit, sur sa paillasse, sans doute se sent-il le dernier des Parfaits. Il l'est, en vérité, mais point comme il le croit. Il n'est pas le moins digne. Simplement tous sont morts, brûlés ou disparus. Tous, sauf lui.

Cet homme est sans honneur et pourtant émouvant, fragile et pourtant rude aux mille maux du temps, souillé, de cœur bancal, et pourtant lumineux, en secret, sous ses hardes. Après avoir commis son meurtre de Cubières il aurait pu s'enfuir, oublier l'accident, se refaire en Espagne une vie ordinaire. Il a choisi la voie la plus rude de toutes et la plus effrayante. Rescapé de prison, Parfait en Catalogne, il aurait pu sans grand souci se reposer de ses errances. Il était à l'abri. Qui lui aurait reproché de rester à veiller sur son lot de fidèles exilés comme lui ? Un jeune chasseur d'hommes arrive un jour à San Mateo. Il s'appelle Arnaud Sicre. Il joue les bons croyants. Guillaume l'accueille avec bienveillance. Ils vivent quelques mois à se voir tous les jours, et peu à peu entre eux s'ébauche une amitié apparemment sans ombre. Arnaud Sicre, de fait, n'a qu'une idée en tête : ramener Bélibaste en pays occitan, et le livrer à la police ecclésiastique. Pourquoi ? Parce qu'il n'a plus ni terres, ni maison. Sa mère avait reçu chez elle des Parfaits. On lui a tout confisqué. Sicre sait ce qu'il doit faire pour que ses biens lui soient rendus : vendre un grand hérétique aux frères inquisiteurs. Il en a trouvé un. C'est un gibier de taille. Il prend le temps qu'il faut pour le circonvenir. Il a, raconte-t-il un jour à Bélibaste, une parente cousue d'or quelque part en terre d'Ariège. Elle est vieille, malade et ne veut pas mourir sans être consolée. Si monseigneur Guillaume acceptait de l'aider à trépasser en paix il ferait, outre son devoir de Parfait, une action sûrement profitable pour tous. Ceux de San Mateo soupçonnent un guet-apens. Guillaume hésite à peine. L'appât du gain le pousse-t-il ? Peut-être, on ne sait trop. En tout cas le mouchard lui inspire confiance. Il quitte sa retraite et s'en va un matin avec le jeune Arnaud.

À peine parvenus dans le comté de Foix, tous deux sont arrêtés. L'hérétique livré et son accusateur sont jusqu'au jugement emprisonnés ensemble, la coutume le veut ainsi. Voilà donc Bélibaste et Sicre, son Judas, dans le même cachot. Guillaume insulte-t-il ce pendard, ce faux frère ? Lui crie-t-il son dégoût ? Lui fait-il honte, au moins ? Même pas. Il lui parle. Il lui dit qu'il pardonne, qu'il l'aime comme un fils. Il veut le convertir à la foi qui le tient, qui l'a toujours tenu malgré son cœur troué, ses rages, ses mensonges et ses trébuchements. Il l'invite au suicide. Mourons ensemble, lui dit-il, et nous ferons tous deux le voyage vers Dieu. Arnaud, bien sûr, refuse. Il reste ce qu'il est, un voyou misérable. Pourtant, à son insu, il pousse Bélibaste au plus haut de lui-même, il est celui par qui ce dernier des Parfaits s'arrache à ses bourbiers, se défait bravement des pesanteurs du monde, se hisse au bord du Ciel où, si tout n'est pas vain, mille et mille brûlés, ses grands frères envolés, n'attendent plus que lui. Dans son effort ultime, il les illustre tous, il résume leur œuvre. Chair souffrante, vie lourde, empêtrements obscurs, lumière enfin touchée au sortir de la gangue, il a connu cela. Et si décidément cet élan vers l'Esprit ne fut, et n'est toujours qu'une errance d'oiseau, qu'un rêve dérisoire, au moins a-t-il nourri l'espérance insensée qui fait battre nos cœurs, qui pousse en nous la vie et la sève dans l'arbre.

Bélibaste brûlé, plus aucun Parfait n'est mentionné dans les registres qui nous sont parvenus. Un étrange trésor est dans ceux de Pamiers que tient, aux premiers temps du XIVe siècle, l'inquisiteur Fournier. On y entend la rumeur du peuple des Corbières, ses soucis, ses effrois, ses tragédies intimes, des prénoms disparus et des noms familiers, des bruits de tous les jours sur les places publiques. Trois hommes, à Arques, un matin de ciel lourd, parlent de Dieu devant leur porte. « Veille-t-il bien sur nous ? » dit l'un. Il est inquiet. Des giboulées menacent. « Allons, s'Il nous aimait, répondent ses compères, Il nous épargnerait la bourrasque et la grêle. Il n'est pas où l'on croit. Ce monde est trop méchant, le bon Dieu n'y vient pas. » Une femme sort de chez elle, surprend ces quelques mots et demande en passant à ces trois paresseux s'ils n'ont rien d'autre à faire que rester là plantés à flairer les nuages en disant des sornettes. Plus tard elle se souvient devant l'inquisiteur. « Ont-ils bien dit que Dieu n'était pas de ce monde ? » « Ils l'ont dit, monseigneur, mais ils parlaient du temps. » Seront-ils arrêtés ? On ne sait. On frissonne. Sous le sourcil froncé du moine on sent un effrayant coup d'œil. Il fait un froid d'enfer dans le regard des juges, et en Occitanie c'est l'hiver pour longtemps. En 1325 on brûle à Carcassonne Guillemette Tournier. Elle était en prison. Il y avait un « mouton » dans le cachot voisin. Il l'entend dire un jour du bien de Pierre Authié. Elle le paie de sa vie. Les derniers feux sont pour des gens dont on ne sait plus que les noms : Adam Baudet, Isarn Raynaud, Guillaume Serre. Ne reste plus que Limoux Nègre au fond des registres anciens comme au bout d'un chemin qui se perd au désert. Il a décidé de jeûner quarante jours, comme le Christ, dans les broussailles des Corbières. Il dit qu'il part en *endura*. Ce mot seul le mène au bûcher. Il n'est même pas hérétique. C'est un fou jugé par des fous. Après lui, plus rien. La poussière.

Le catharisme est mort vers l'an 1330. Dans les siècles qui suivent on l'enfouit, on le perd. De vagues traités catholiques endormis au fond des couvents le mentionnent, sans plus, parmi d'autres hérésies. En 1360, il est déjà tant oublié que Nicolas Eymerich, l'inquisiteur dominicain d'Aragon parle de lui comme d'une « secte manichéenne » qui « divulgua ses erreurs et prêcha imprudemment dans l'archevêché de Milan, à l'époque de monseigneur le pape Innocent III ». À l'aube de la Renaissance quelques récits de la croisade sont exhumés des bibliothèques, mais ils sont réservés à l'édification des lettrés. Bossuet[1] fait des Albigeois des Pauliciens frottés d'hérésie bogomile. Les noms des grands Parfaits, leur savoir, leur martyre semblent à jamais défaits dans les brumes du temps. Mais il en est parfois d'une œuvre humaine comme d'un fleuve souterrain qui resurgit après longtemps de ténèbres. Il n'est en rien semblable au ruisseau montagnard tombé entre deux rocs, apparemment perdu dans des grottes sans fond. Quand il revient au jour l'ont grossi des courants, d'innombrables orages. Ce n'est pas la même eau qui roule dans son lit. Ainsi le catharisme est revenu au monde. Il n'est plus ce qu'il fut. Il n'est plus une histoire, il est une légende. Désormais il agace autant qu'il tient au cœur.

---

1. Bossuet, « Abrégé de l'histoire des Albigeois et des Vaudois, des Viclefistes et des Hussites », livre XI de son *Histoire des variations des Églises protestantes* (1688).

7
Naissance d'un mythe

Cathare fut un mot souffrant et vagabond, un mot blessé, banni hors des routes passantes, un de ces mots étranges dont on ne sait plus ce qu'ils veulent dire, un mot à la langue coupée. On a voulu l'oublier. On a bien cru y parvenir. Il connut des siècles sans livres. Il les a pourtant traversés, obscurément, en juif errant, mendiant sa vie auprès de quelques lettrés à l'œil vif qui l'accueillaient avec bienveillance malgré ses hardes misérables. Ils lui donnaient un peu de leur temps, de leur vie, ils l'aidaient à franchir une poignée d'années, jusqu'à la prochaine lueur au bout de la route, jusqu'au prochain pas de porte. Le voilà parvenu dans nos rêves présents, plus vif, plus vigoureux, plus vivant que jamais. Comment ne s'est-il pas perdu ? Par quel hasard (ou quel miracle) a-t-il survécu jusqu'à nous ? Quelle force l'a donc poussé ? C'est, plus qu'une énigme, un mystère. Il a changé d'habit, de visage, de monde. Cathare est aujourd'hui un mot fier, valeureux, parfumé d'aventures et de rognes salubres, un mot fondateur de lignée. Il ne désigne plus (sauf pour les obstinés chercheurs de l'or céleste) l'aride religion de quelques vieux mystiques. Il est un nom d'ancêtre, une racine d'arbre, un pourvoyeur de sève. Il nourrit désormais « cette sublime foi aux illusions qui constitue l'éternelle jeunesse et l'éternelle vigueur des poètes [1] ». Ce porteur de savoir s'est fait porteur de mythe.

Quand le cours souterrain du catharisme émerge au XIXe siècle, les romantiques règnent sur les états du cœur. Ils sont républicains, rêvent de temps nouveaux, feuillettent les livres d'histoire et trouvent dans le Moyen Âge une nourriture à leur goût. Ils font des purs Bonshommes des martyrs de la liberté. Il faut au monde neuf des pères rayonnants, dignes d'illuminer les siècles à venir. Voici donc les cathares arrachés à la nuit et promus messagers de lumière éternelle. Ils ne sont pas les seuls. Avec eux dans le panthéon de ces amoureux libertaires sont les luthériens, les camisards, les sans-culottes. Qu'ont-ils donc en commun ? Un désir forcené de faire table rase, un espoir d'aube propre hors des vieilles maisons, presque rien : l'essentiel, du moins selon les gens qui réveillent leur voix et dépoussièrent leurs habits. La mystique hérétique ? On ne s'en soucie pas, elle n'est pas de saison. On s'indigne plutôt des tueries, des souffrances, des croix souillées de sang, des tribunaux terribles et des moines en prières autour des feux d'enfer. On y exalte aussi le génie occitan d'avant les grands massacres, la voix des troubadours, les sentiments nouveaux qu'ils offraient à leur temps et le goût du bonheur qui traversait les

---

1. Okakura Kasuko, *Le Livre du thé*, Derain, Lyon, 1958.

villes et les cours des châteaux. On s'émeut à décrire une démocratie prometteuse à Toulouse, et d'Ariège en Provence une chevalerie accessible à l'amour. Le Nord vient écraser la vie à peine éclose dans les jardins romans. Le Nord ? L'éternel ennemi : l'Ancien Régime, les forces du passé, l'increvable oppression au front de bœuf obtus. En piétinant les libertés méridionales, l'Église et la monarchie n'ont pas seulement commis un meurtre indélébile. Elles ont provoqué un retard de civilisation de plusieurs siècles. Voilà ce que l'on dit vers 1850, et voilà tout ce que l'on veut savoir.

Napoléon Peyrat surgit dix ans plus tard. Il est protestant, romantique, régionaliste, libertaire. Il n'écrit pas, il chante. Il pense avec le cœur. Certes, Michelet est son maître, mais l'est aussi, à l'évidence, l'Anonyme toulousain de la *Canso*. Son *Histoire des Albigeois* n'a pas l'humble ambition de rapporter des faits aussi bruts que possible. L'œuvre n'est guère rigoureuse, mais elle est de belle puissance. Elle est une épopée, une *Iliade* occitane. Elle est ce que lui dit l'amour de ses ancêtres. Elle fait de Montségur une montagne sainte. Quel historien conséquent se risquerait à décider de la sainteté d'un lieu ? Peyrat ose écouter ce que lui dit son cœur, ce que lui dit le ciel, le sien, celui qui règne au plus haut de lui-même. « Montségur », ce « capitole sauvage », ce « tabernacle aérien », cette « arche qui recueillit les débris de l'Aquitaine sur une mer de sang », cette « Delphes platonicienne des Pyrénées », « Montségur, dit-il, de son roc désert, regardait tristement mais fermement en face le Louvre et le Vatican, le roi de France et le pape de Rome. Il abritait dans sa grotte trois ennemis irréconciliables de la théocratie : la Parole, la Patrie, la Liberté, ces puissances de l'avenir. C'est de sa cime que prendra son vol ce doux et terrible conjuré qui, sous le nom d'Esprit, marche voilé dans les vents et chemine invisible dans les tempêtes ; ce cavalier mystérieux et monté sur l'ouragan et le tonnerre qui doit, par la révolution religieuse du XVIe siècle et la révolution politique du XVIIIe régénérer l'Europe et le monde ».

Ce n'est pas là voix d'historien mais de prophète de plein vent. Pour que le nouveau mythe s'enracine dans les cœurs il faut une haute figure, une Jeanne, une Vierge à cette « roche du sacrifice ». Voici donc Esclarmonde, la pucelle au nom de lumière qui se change en colombe à l'instant du trépas et prend son vol hors des puanteurs du bûcher, semblable au pur Esprit à jamais invincible. Ne restent aujourd'hui que des ruines de ce temple en plein ciel. Mais comment un tel lieu pourrait-il s'épuiser, perdre son sens, sa sève céleste ? Dans le ventre du mont sont encore, pour qui sait les voir, d'infinis escaliers, des tombes immémoriales, des galeries qui mènent à des grottes secrètes où sont des trésors saints, dit Peyrat, sans souci d'y aller vraiment voir. Qu'importe, un nouveau feu est allumé là-haut, non point enténébré de fumées carnassières, mais semblable au jour renaissant.

Les trois volumes de l'*Histoire des Albigeois* paraissent de 1870 à 1872, à l'instant même où naît la IIIe République. Les héritiers de la tradition révolutionnaire de 1789, les bâtisseurs de l'école laïque, les nouveaux militants des lendemains fraternels y trouvent amplement de quoi nourrir leur détestation de la toujours pesante oppression cléricale. Ils s'identifient volontiers à ces « primitifs de la révolte » et ces

« martyrs de la libre parole » que les inquisiteurs médiévaux ont bâillonnés et par milliers martyrisés. Voici bientôt tombée sur la place publique la colombe de Montségur. Les pourfendeurs du « sabre et du goupillon » évoquent à l'envi « les bûchers, les tueries et leur hideuse suite ouverte il y a sept siècles ». On débat, on mène campagne, on éditorialise, on brandit des bannières, mais on ne veut toujours rien savoir du catharisme. Peyrat même est laissé aux amoureux des livres. Le temps n'est certes pas aux chercheurs d'Esprit-Saint. D'ailleurs, ne furent-ils pas toujours seuls aux lisières du monde ? Comment ces vieux vivants égarés entre mythe et histoire pourraient-ils accourir au secours d'une république, fût-elle sociale ? Dans le trésor de la mémoire chacun prend les armes qu'il veut pour mener ses propres batailles. Et le fait est que pour les anticléricaux du XXe siècle naissant, les cathares n'ont d'intérêt que d'avoir été suppliciés par les pères de ceux qu'ils veulent jeter bas.

Le mythe n'enfante-t-il donc que mensonges, impostures, erreurs puériles, grotesques ? N'est-il décidément que l'envers, sinon l'enfer de la science historique qui seule serait propre à porter la lumière dans le lointain passé ? Les faits, rien d'autre, nous dit-elle. Elle a, bien sûr, la raison avec elle. Rapporter fidèlement ce qui fut est la mission qu'elle s'assigne. Mais que sont donc des événements que la vie ne traverse plus ? Sans doute pourraient-ils nous aider à comprendre les temps présents si l'histoire n'était qu'un imperturbable enchaînement de causes et d'effets. Mais est-elle cela ? L'imprévu, le hasard, l'invention créatrice ne sont-ils pas sans cesse à l'œuvre dans le cheminement des peuples ?

Et cette étonnante faculté de se bâtir siècle après siècle un avenir inattendu n'est-elle pas intimement liée, dans je ne sais quelle profondeur labyrinthique, à cet autre pouvoir raisonnablement incontrôlable de réinventer le passé ? Une chaleur, un feu sensible est nécessaire à la mémoire. Sans cette force transformante, sans cette cuisson qu'il subit, qu'est-ce qu'un fait passé ? Peu de chose. Vercingétorix, en son temps, n'est qu'un vaincu banal de la guerre des Gaules, Jeanne d'Arc n'est pas la Pucelle inspirée de nos manuels scolaires mais une vague illuminée pareille à quelques poignées d'autres et brûlée un jour, sans fracas, après avoir joué un rôle passager sur l'échiquier des princes. Elle vient après la grande peste qui en quarante ans de fin de monde tua la moitié de l'Europe. Des morts partout, et par millions. Qui s'en souvient ? Les historiens. Mais vous et moi ? Moins que de Jeanne. C'est qu'aucun mythe n'a su changer cette apocalypse en prodige racontable. La peste noire est restée ce qu'elle fut, quarante ans de charniers disparus en poussière et bientôt remplacés par d'autres dans le grand livre des tempêtes occidentales.

Le mythe est accoucheur d'histoire. Il lui donne vie, force, élan. Il fait d'elle, en somme, un lieu à l'abri du non-sens, de l'objectif froid, de l'absurde. La raison s'accommode mal de ses extravagances. Elle fait avec, à contrecœur, comme d'un frère fou dont on craint les ruades et les emportements toujours intempestifs. Elle s'insurge parfois contre les excès de ce proche parent incontrôlable qu'elle nomme, avec un rien de gêne, « imagination populaire ». Elle a besoin d'ordre et d'appuis solides. Elle est sûre, et donc rassurante. Elle nous est à l'évidence un bien infiniment précieux, mais elle n'est guère téméraire. Elle se veut ceinte de remparts, elle tremble si l'on se risque à les franchir car elle ne voit, au-delà de ses territoires, que dangereuse obscurité. Elle sait déduire, analyser, bâtir théories et systèmes. Elle ne peut pas créer la vie. Elle ne peut accoucher d'un être. Le mythe, lui, est fort, mais intenable. Il crée ce que nul n'a prévu. Sur un Jésus crucifié que la science connaît à peine et dont la raison ne sait rien il a enfanté des croisades, des saint François, des cathédrales, deux mille ans de folle espérance, d'horreurs, d'effrois et de chefs-d'œuvre, un monde, une histoire, la nôtre. Quel homme de raison pouvait prévoir cela ?

Et quel pauvre cathare sur sa garrigue grise pouvait imaginer le destin de ce mot qu'il n'a peut-être jamais prononcé, mais qui aujourd'hui le désigne ? Esclarmonde tremblante, ce matin de printemps où elle s'en fut au feu, s'est-elle vue colombe ? L'historien hausse les épaules. Il n'a rien observé de tel. Or, pour lui, le vrai se constate. Pour l'amoureux, pour l'exalté, le réel sans cesse s'invente. C'est l'increvable santé de l'humanité que de faire vie de tout, et s'il le faut contre toute raison. Qu'est-ce donc, aujourd'hui, que le catharisme ? Un chaudron de savoirs et de suppositions mêlés d'extravagances et de songes féconds, de réflexions aiguës, de sottes fantaisies, de revendications locales et de soucis éternels, bref, une sorte de foisonnement polymorphe et suffisamment contradictoire pour être, sans nul doute, nourrissant. Nous l'ont pêle-mêle légué les chercheurs et les philosophes, les poètes et les révoltés, les Parfaits et leur descendance, leurs ennemis, leurs partisans. C'est l'honneur de l'historien d'asseoir les bases d'une recherche saine. C'est la force de l'imaginatif d'entretenir la chaleur nécessaire à la survivance de la mémoire. Il est vain de les opposer, l'un et l'autre sont nécessaires. Sans ces deux frères-là, ennemis, certes, mais qu'importe, les cathares, leur foi, leur vie et le bien que peut-être ils peuvent encore nous faire n'auraient pu nous atteindre.

Les libertaires et les porte-drapeaux de la IIIe République naissante ne sont pas les seuls à s'être abreuvés dans leur courant. À la fin du XIXe siècle, quelques corsaires spirituels le découvrent eux aussi et s'y plongent avec l'enthousiasme discret qui sied aux mystiques décadents. En 1888, Joséphin Péladan, qui se veut l'héritier des vieux rois d'Assyrie, ressuscite l'ordre de la Rose-Croix, désigne Montségur comme lieu du Graal et, sans doute inspiré par les ouragans cuivrés des trompettes wagnériennes, identifie la sainte montagne d'Ariège au Montsalvat de *Lohengrin*. Voilà qui plaît beaucoup à l'étrange Pierre-Barthélemy Gheusi, un auteur toulousain de tragédies lyriques. Il offre à son public, vers l'an 1900, un *Montsalvat* nouveau et un Graal planté définitivement au cœur du pays d'Olmes[1]. Une légende est née, qui fera des enfants. En ces mêmes années, une fragile Église gnostique installe son siège épiscopal à ce carrefour des crépuscules désormais fréquenté par l'aristocratie des fantômes. Mais pas plus que Péladan, ses patriarches ne parviennent à susciter une renaissance significative de la spiritualité cathare.

---

1. Lire à ce sujet, et plus généralement sur les prolongements historico-mythologiques de l'hérésie cathare : J.-L. Biget, *Mythographie du catharisme*, Cahiers de Fanjeaux, n° 14, Privat, Toulouse.

Le cours de la mémoire emprunte une autre voie. De fait, c'est dans l'imaginaire avoué, et du moins en partie libéré par Peyrat, qu'il puisera bientôt sa force la plus vive. Maurice Magre écrit, vers 1930, un roman beau comme un soleil surgi des poussières du temps. *Le Sang de Toulouse* est un conte émouvant, puissant, aventureux, un hymne populaire à l'amour d'une ville aux senteurs orientales, cosmopolite, heureuse, évidemment rêvée, mais propre à enfiévrer les âmes occitanes. Sept ans plus tard, le souffle du vieux Magre n'a pas faibli. Son *Trésor des Albigeois* ravive les mêmes musiques, les mêmes bouillonnements intimes. Les gens du Nord, dit-il, sont venus de leurs brumes envahir notre terre, abattre nos vergers, changer nos chants d'amour en hurlements d'effroi. Et pourtant, Dieu du Ciel, quel peuple nous étions ! Sachez que dans les profondeurs de la cathédrale Saint-Sernin de Toulouse était un lac semblable à un sombre miroir, et que dans ce lac, immergé, était le trésor des trésors, fait de livres aussi vénérables que l'Arabie des alchimistes et des mystiques du désert. Sachez que dans ces livres étaient tous les secrets du ciel et de la terre. Les Parfaits connaissaient ces œuvres insurpassables. Ils s'en étaient nourris jusqu'à devenir saints, amoureux sans désirs, sans terreurs, omniscients. Nous ont-ils vraiment quittés ? Non. Ils sont désormais parmi leurs frères, les guides immortels de l'humanité. Ils sont partout présents, ils veillent sur nos vies, attentifs, invisibles.

Combien d'adolescents ont bu le lait cathare à la source de Magre ? Dans combien de regards il alluma « cette sublime foi aux illusions » sans laquelle la vie n'aurait pas plus de goût qu'un parcours de hasards et de nécessités ? Dès la parution de ses livres une foule de rêveurs militants s'engouffre dans ses cathédrales imaginaires. On ne se contente pas de lui emboîter le pas, on se hâte, on s'emballe, on se disperse allègrement dans d'extravagantes pénombres. À l'abri des ruines sacrées, des spirites tendent l'oreille à la voix d'Esclarmonde. D'autres se risquent à évoquer d'inattendus tibétains égarés dans les limbes du pays d'Olmes. Des brocanteurs ésotéristes à l'érudition vagabonde mêlent troubadours et templiers, Wisigoths gnostiques et cathares, hyperboréens et Hindous dans un même sac à miracles et cherchent, pour faire bon poids, sous les cailloux de Montségur, un évangile de saint Jean pur de tout venin catholique. Magre, dans ce concert, joue à peine plus sobre. Il préside une association où sont ensemble vénérés le saint Graal des immortels et le sombre mont des brûlés. Voilà bientôt la porte ouverte à de dommageables turbulences.

Il rencontre un jeune Allemand, Otto Rahn, qui s'émerveille à ses récits et part en croisade nouvelle. Aux Celtes, aux Wisigoths, aux bouddhistes, aux Hindous que les chasseurs de songes invitent à leurs banquets, il joint son Allemagne. La parenté, dit-il[1], est évidente et forte entre les troubadours et les *Minnesänger*, qui eux aussi, au même siècle, ont éveillé les hommes au sentiment d'amour. De plus, ajoute Rahn, Wolfram von Eschenbach, auteur d'un *Parzival* médiéval et germain, dit tenir la légende vraie du saint Graal d'un Provençal nommé, dans son œuvre, Guyot. Est-ce à dire que les pensées germanique et romane coulent de même source ?

---

1. Otto Rahn, *La Croisade contre le Graal*, Stock, Paris, 1974.

Qu'est donc ce saint Graal germano-occitan ? Une pierre sacrée tombée du haut du ciel. Sur ce trésor veilla une reine pucelle, jusqu'au jour où la Croix vint avec ses armées combattre la lumière. Voilà ce que Guyot raconte à Eschenbach. Otto Rahn, fort de l'imparable exaltation des pourfendeurs de ténèbres, interprète l'épopée. La pierre céleste est la foi des cathares, le beau Parzival est à coup sûr Trencavel, la reine du Graal n'est autre qu'Esclarmonde, et Montségur est Montsalvage, le château magique du conte. De fait, dit Jean-Louis Biget[1], « Cette construction imaginaire repose sur deux idées sous-jacentes. C'est d'abord l'assurance qu'une religion païenne, tolérante, œcuménique, embrassant toutes les autres, aurait pu unir le monde entier, ou l'Europe à tout le moins, sous le signe du Graal. C'est ensuite la certitude que la tradition allemande et la romanité cathare s'unissent dans le *Parzival* parce qu'elles émanent toutes les deux du vieux fonds germanique, incarné dans la région pyrénéenne par les Wisigoths. »

Voilà qui aurait pu demeurer dans les limites convenables d'un jeu mental somme toute stimulant si Otto Rahn n'avait publié sa *Croisade contre le Graal* aux heures mêmes où le nazisme naissant ouvrait ses ailes sur l'Allemagne de Weimar. Les doctrinaires du nouveau régime flairent l'ouvrage et le trouvent à leur goût. Notre homme ne s'en offusque pas, au contraire. En 1937, il leur offre *La Cour de Lucifer* qui, pour le moins, aggrave terriblement son cas. L'Église catholique n'y est plus détestée pour ses crimes médiévaux mais parce qu'elle s'est vouée

---

1. J.-L. Biget, *op. cit*.

à un juif : Jésus-Christ. Le seul dieu fréquentable, affirme Rahn, est l'Apollon du Nord et des Aryens de l'Inde, Lucifer, porteur de lumière et germain essentiel. C'est lui, poursuit-il, qu'honoraient ces descendants des Wisigoths que l'on nomma cathares. Et Rahn de conclure que dans les profondeurs inavouées de l'histoire, la croisade n'opposa pas les gens du Nord et l'Église romaine à ceux du Sud infectés d'hérésie, mais le Jéhovah juif au Lucifer aryen à peau blanche et sang pur.

Ce deuxième livre n'est traduit en français que trente ans après la fin du nazisme et se perd aussitôt dans un heureux oubli. De fait, son seul intérêt est d'éclairer crûment le premier qui, en 1934, ne passe pas inaperçu. Les thèses que défend *La Croisade contre le Graal* sont à peine plus floues. Quelques délirants apocalyptiques, quatre ans après sa parution, se font un bonheur fou d'en préciser les traits. Les nazis, disent-ils, glorifient l'intuition, le sang, la pureté, la grandeur de la race, comme ont fait, en leur temps, les gnostiques albigeois. Ceux-là ont cherché Dieu et l'ont sans doute atteint par la science de l'âme et la force du cœur. Leurs fils spirituels survivent en Allemagne. Ils furent initiés aux secrets de leurs pères. Ils ont instruit Hitler, ils guident son combat. Faut-il préciser que de telles élucubrations confinent à la pure et simple délinquance spirituelle ? On évoque fréquemment, dans ces galimatias, ce fantôme majeur d'autant plus respecté qu'il demeure inaccessible : l'initié. Quel insidieux venin se cache sous ce nom à moitié adjectif ! On oublie trop souvent qu'au-delà de ce qu'ils désignent les mots ont leur vie propre, leur poids, leurs perversions, leurs travestissements. Celui-là s'avance masqué, et volontiers environné de brume sulfureuse. Il veut parler profond, il ne dit rien qui vaille, il suggère des sages où ne sont que des songes. Beaucoup s'égarent encore à suivre son entêtant parfum jusque dans les arrière-boutiques de l'ésotérisme où l'on vend à qui veut du « grand initié » fascinant, dérisoire. Le désir d'être admis chez les gens du secret et d'accéder enfin à ce que ne sait pas le commun des mortels a toujours égaré les explorateurs de mystères. L'imaginaire a ses bas-fonds. Y conduit imparablement la tentation « initiatique », c'est-à-dire, au fond, élitiste, la soif d'être de ceux qui savent et qui dans l'ombre manipulent. Le mythe est créateur tant qu'il est libertaire. Que le goût du pouvoir se saisisse de lui, et le voilà changé en pitrerie du diable.

Ce qui nous reste du catharisme après sept siècles de vagabondages ne s'est pas tout entier perdu, Dieu merci, dans ces marécages nocturnes. Avant que les historiens de notre temps ne mettent en chantier les indispensables travaux de précision des faits et de clarification des idées, Déodat Roché, dès le début de ce siècle, replace les Parfaits dans leur vieille lumière. Il me faut ici redire la fidèle affection que j'éprouve pour cet homme. Je ne peux donc en parler avec la distance objective qui serait sans doute nécessaire à une estimation aussi juste que possible de ce que fut son rôle dans la survivance de l'esprit cathare. Il me paraît cependant peu risqué de dire qu'il fut un gnostique assidu. Au moins en cela, il s'inscrit dans la descendance des Bonshommes. Alors qu'il est encore étudiant à Toulouse il écrit à son père l'enthousiasme qu'il éprouve à découvrir en lui-même l'empreinte de l'infatigable lignée de chercheurs spirituels dont il se sent le fils. « Je ne cesse, dit-il, d'admirer la formule gnostique de l'ésotérisme. D'un côté l'absolu ineffable et l'union mystique, de l'autre le culte de l'Esprit pur opposé à la matière. Cette dernière voie, rationaliste, doit conduire à la première. Tout semble sortir du chaos matériel pour conduire à l'Esprit pur, mais comme esprit et matière ne font qu'un dans l'absolu, tout vient de l'absolu pour y revenir[1]. » Dès ces temps adolescents une passion le tient, constamment exigeante et sans doute plus profondément ancrée que les spéculations arides qui occupent son esprit. « La conscience, écrit-il encore, la voix du cœur qui nous dit d'aimer, de secourir, qui nous fait sentir réellement l'unité des choses et des êtres dans un même sentiment d'amour, qui nous pousse à réaliser un idéal gravé au plus profond de notre être, peut seule vraiment conduire à l'intuition de l'Unité, à l'intuition de Dieu qui est en nous comme en toute chose. » Tel est l'homme qui, dès 1930, s'applique à revivifier l'âme des Parfaits dont il se considère assurément comme l'héritier puisqu'ils « agissaient par amour en instruisant et aidant les autres hommes à trouver la voie du salut ».

Il les sert, les écoute, s'attache à réveiller leur pensée, leurs paroles, en chercheur de sagesse érudit et sensible. Il leur demande aussi des réponses aux questions des hommes de son temps. Il découvre Steiner et l'anthroposophie, explore cette « science spirituelle » qui, selon son créateur, peut seule ouvrir la porte aux réalités hautes et peu à peu user le mal

---

1. Déodat Roché, *L'Église romaine et les cathares albigeois*, éd. des Cahiers d'études cathares, 1969.

et le péché. Roché greffe ces idées nouvelles sur l'arbre des Bonshommes. Veut-il remettre au monde un catharisme neuf, à nouveau nourrissant ? Le fait est qu'il n'entraîne guère de disciples à sa suite, et c'est peut-être un bien. Le cœur qui veut aimer ne parle qu'à voix basse, il ne peut s'adresser aux foules. Cet homme, j'en témoigne, a servi l'idéal de son âme, sans autre souci que de cheminer vers son intime vérité et de semer l'amoureuse exigence des purs dans l'esprit de ceux qui l'approchaient. Il ne m'a pas appris la doctrine cathare, il m'a rendu perméable à la voix de ces gens qui de tout temps ont tenté de dire l'indicible, d'approcher l'inaccessible et de connaître l'inconnaissable. Folie, sans doute, que de succomber à ces sortes de tentations. Mais elles ont eu au moins la force de me tenir proche de ces ancêtres qui me furent donnés, et qui, malgré la crainte que leur foi trop rigoureuse m'a toujours inspirée, ont sans cesse aimanté mon cœur lorsque mes dérives m'éloignaient d'eux.

J'ignore si Déodat Roché a réellement désiré voir resurgir une quelconque religion cathare. J'en doute. Mais il pensait assurément que la soif gnostique avait trop longtemps occupé le meilleur de notre humanité pour ne point perdurer en notre temps. Il ne pouvait concevoir que s'éteigne ce désir incessant de délivrer la conscience, la « voix du cœur », de la gangue pesante où elle s'est toujours sentie prisonnière. Il estimait même que l'essoufflement des religions officielles et l'élan de l'esprit scientifique lui offraient une chance nouvelle de revenir vigoureusement au monde. Il faut, disait-il, défricher la vieille voie, la poursuivre, et ne point s'enfermer dans la fascination du passé. Ce qui fut ne peut exactement renaître, la vie n'est que mouvance, échange, création. L'antique maison de Manès ne fut pas celle des cathares. Ils ont bâti d'autres murailles, ouvert des portes et des fenêtres à des paysages nouveaux. De même en notre temps la demeure gnostique ne peut être semblable à celle des Parfaits. Des siècles sont passés, nous avons cheminé, nous avons découvert des terres inconnues, remué des idées autrefois impensables, nous avons même appris que Dieu était mortel. Et si nous tient toujours cette vieille passion de nous hisser plus haut que nos peaux éphémères, nous pouvons certes reconnaître la trace de nos pères dans les garrigues médiévales, nous émouvoir de notre affectueuse parenté, faire notre profit de leurs vieilles paroles, mais nous ne pouvons plus méditer dans les mêmes cabanes, à la lueur des mêmes bougies. Si le catharisme doit renaître, en vérité, il ne saurait user des mêmes mots, affronter les mêmes démons, porter aux nues la même foi, redire enfin la même histoire.

Déodat est mort centenaire, avant le printemps de la gnose. Viendra-t-il un jour ? Sans doute a-t-il remis, l'heure venue, son espérance à Dieu, comme il se doit quand on n'a jamais eu d'autre souci que d'accomplir jour après jour ce qui devait l'être. Le sage, dit le proverbe, n'est pas homme à se retourner pour voir si ses semailles germent. Il fut ce sage-là pour l'enfant que je fus. Et je me réfugie parfois auprès de lui pour contempler, dans le silence infiniment tendre que m'offre toujours sa présence, le chemin parcouru par ce mot rare et sans prestige qu'il prononçait, de temps en temps, et qui sonnait à peine entre ses lèvres, et qui m'emportait dans des songes terrifiants et magnifiques. Cathares. Se sont affirmés tels, étourdiment, quelques militants occitanistes qui ne voulaient pas être Français. Se prétendent aujourd'hui cathares et fiers de l'être des villes, des musées, des restaurants, des vins, des fromages, des routes, des joueurs de rugby, des cassoulets, des ruines, des marchands de tourisme et des associations de joueurs de pétanque, des hommes politiques et des sectes bizarres. Il n'est pas un détour de village occitan où ce pauvre mot n'apparaisse exhibé, vendu, prostitué. On peut s'en indigner, méditer sombrement sur l'écrasante vulgarité de ce monde qui voue au désespoir les plus innocentes aspirations de l'esprit. Mais à quoi bon perdre son temps en vaines récriminations ?

La gnose (nommons ainsi ce savoir essentiel et presque inexprimable qui nous semble venu de plus haut que nous-mêmes) a toujours, au cours des siècles, trouvé sa voie pour nous atteindre. Chacun, un jour ou l'autre, a reçu la visite de quelque chose (ou de quelqu'un ?) que l'on ne saurait définir. Cela vient à nous comme un sentiment, un parfum, un effleurement qui dilate le cœur, qui veut être exprimé, mais qu'on ne peut traduire exactement en mots. Il le faut pourtant. Un désir, un élan, au fond de nous, l'exige. On parle donc, malaisément, on se perd en explications, et la légèreté se fait soudain pesante, le miracle s'éteint, s'abîme, se défait, l'ange tombe et s'incarne en images infidèles, en à-peu-près sans grâce, en paroles trop crues. Une venue au monde est toujours une chute. Or, le dedans de nous est comme le dehors. « Comprends que tu as en toi des troupeaux de bœufs, dit Origène. Comprends que tu as aussi des troupeaux de brebis et des troupeaux de chèvres. Comprends qu'il y a même en toi les oiseaux du ciel. Ne t'étonne pas si nous disons que cela est en toi. Comprends que tu es un autre monde en petit, et qu'en toi il y a le soleil, il y a la lune, il y a les étoiles. Vois que tu as tout ce qu'a le monde.» Si l'on pressent cela, il apparaît probable qu'au cours de son histoire l'humanité a constamment éprouvé ces chutes, ces défaites de l'Esprit que chacun peut à tout instant ressentir dans l'intimité de son être.

La connaissance, aussitôt incarnée, tend à se dégrader dans les mains inexpertes des hommes. Le désir de lumière se défait en morale, l'intuition de cohérences subtiles se change en dogmes, en lois, en organisations, le pressentiment d'une vérité se dévoie en affirmations péremptoires, la foi enfin s'abîme en fanatisme. «Je vous adjure de laisser tout libre», s'écria un jour Walt Whitman dans un poème prophétique. Mais comment nos cœurs prisonniers pourraient laisser les anges à leur liberté ? On s'agrippe à leurs ailes, on les blesse, on les enferme dans des obscurités confuses. Au mieux on se fait gloire des quelques grains d'esprit qu'on a pu leur voler, au pire on les trahit, on les vend au marché, on les torture en raillant leurs souffrances, on fait d'eux des enfants esclaves. Ils n'ignorent pas ce qui les attend quand ils viennent effleurer nos têtes. Pourtant ils reviennent, sans jamais se lasser, peut-être parce qu'ils savent que nous ne sommes en rien coupables de ces tourments que nous leur infligeons. Nous sommes dans un monde où tout est lourd, épais, et nos esprits, nos corps, nos actes, nos pensées ne peuvent qu'obéir aux lois de notre terre. Nous ne nous conduisons en rien comme il le faudrait, dit le Rituel cathare. «Tandis que nous sommes dans la sainte oraison, notre sens se détourne vers les désirs charnels, vers les soucis mondains, si bien qu'à cette heure à peine nous savons ce que nous offrons au père des justes. » Ce n'est pas vaine flagellation que de s'avouer ainsi pécheur devant l'Esprit, mais simple et humble constat. L'égarement est la fatale conséquence de notre incarnation. Et cette vérité s'impose, il faut le dire encore, tant au-dedans de nous que dehors, dans le monde. L'Inquisition, ses bûchers, le martyre des Purs étaient inévitables. Mais après tout (comme il advient parfois de nos épreuves intimes), peut-être ne furent-ils que les outils nécessaires à l'éclosion d'une nouvelle conscience. On a peut-être tort de chercher des causes exclusivement historiques à l'écrasement du catharisme. On ne fait ainsi que s'enfermer dans des rancœurs stériles, et raviver sans cesse une blessure ouverte. Que sait-on, en vérité, de cette force indomptable que l'on appelle Dieu, faute de savoir autrement dire, et qui nous traverse sans cesse, et qui va sans fin, imperturbable, depuis le fond des temps ?

« Je suis la voix du réveil dans la nuit éternelle », dit un hymne gnostique. Nous sommes ici-bas plus proches du sommeil des cailloux que de la lumière des anges, mais nous avons dans l'âme un aiguillon constant qui nous pousse à savoir, à connaître, à comprendre, à sortir peu à peu de l'engourdissement. Le chemin est si long que l'on ne peut raisonnablement espérer sa fin. Je crois que nous sommes semblables au grain pourrissant dans la terre. Notre folie est belle, exaltante et terrible. Elle est celle du germe à peine né qui n'a jamais vu le soleil et qui pourtant s'efforce vers lui à travers des épaisseurs de ténèbres apparemment infranchissables.

Les cathares furent une étape de ce périlleux voyage. Nous sommes, aujourd'hui, un peu plus haut. Nous sommes ce qu'ils furent, un instant de croissance. Cette voix qui s'obstine à murmurer en nous que l'on s'efforce en vain, qu'il n'y a pas de soleil, qui ne l'a jamais entendue ? C'est notre pesanteur qui parle, notre goût de l'oubli, du repos, du néant, notre diable. Peut-être a-t-il raison. On peut le suivre, certes, et vivre sans souci. On peut choisir la voie inverse et souffrir mille morts, comme le germe fou de la graine pourrie, par amour d'un printemps de l'âme que tout dit improbable. Qui jugera ? À vue d'homme, personne. Les cathares comme leurs diables ont l'éternité devant eux.

Annexe 1
La prière cathare[1]

Cette prière fut dictée, au début du XIVe siècle, par Jean Maurin de Monsalio au cours de sa comparution devant les inquisiteurs de Toulouse. Elle était probablement en usage dans les milieux cathares du Languedoc depuis le début du XIIIe siècle.

Le « ciel de verre » figure le ciel illusoire. L'image, au Moyen Âge, est traditionnelle. « Soulignons avec quelle netteté, dit René Nelli, l'ordre féodal (cet ordre où un homme a commandement sur un autre) se trouve ici ramené au Mal et, donc, condamné. L'image de l'oiseau avec lequel on prend un autre oiseau, de la bête avec laquelle on prend une autre bête symbolise l'essence luciférienne de la féodalité, et peut-être de toute société hiérarchisée. »

Père saint, Dieu juste des bons esprits, toi qui jamais ne t'es trompé, ni n'a menti, ni n'a erré, ni n'a

---

[1]. Nous avons emprunté à René Nelli les traductions de la *Prière cathare*, du *Rituel cathare* et de la *Prière aux 72 noms de Dieu*. La Prière cathare et la Prière aux 72 noms de Dieu ont paru dans *Les Troubadours*, Desclée de Brouwer, 1966. Le Rituel cathare est extrait d'*Écritures cathares*, Éditions Planète, Paris, 1968.

douté, donne-nous à connaître ce que tu connais et à aimer ce que tu aimes afin que nous n'éprouvions pas la mort dans le monde étranger à Dieu, puisque « nous ne sommes pas de ce monde et que le monde n'est pas nous ».

Pharisiens séducteurs, vous qui ne voulez pas du Royaume vous vous tenez à Sa porte et vous empêchez d'entrer ceux qui voudraient entrer ; c'est pourquoi je prie le Père saint des bons esprits, qui a pouvoir de sauver les âmes et, par le mérite des bons esprits, de les faire germer et fleurir. À cause des bons, il donne la vie aux méchants, et il le fera aussi longtemps qu'il y aura des bons en ce monde, jusqu'à ce qu'il n'y ait plus aucun de ses enfants déchus, ceux qui sont des sept royaumes et sont autrefois descendus du Paradis, d'où Lucifer les a arrachés en clamant que Dieu les avait trompés en ne leur permettant que le Bien. De sorte que le Diable fut très faux, car il leur permit le Bien et le Mal, et leur dit qu'il leur donnerait des femmes qu'ils aimeraient beaucoup, qu'il leur donnerait le commandement des uns sur les autres, et qu'il y en aurait qui seraient rois, comtes ou empereurs, et qu'avec un oiseau ils pourraient prendre un autre oiseau, et avec une bête, une autre bête.

Et le Diable dit encore que tous ceux qui lui seraient soumis descendraient en bas et auraient le pouvoir d'y faire le Mal et le Bien comme Dieu en haut, et qu'il leur valait beaucoup mieux être en bas où ils pourraient faire le Mal et le Bien. Alors ils montèrent sur un ciel de verre et autant s'y élevèrent autant tombèrent et périrent. Et Dieu descendit du Ciel avec douze apôtres et il s'adombra en sainte Marie.

Annexe 2
Le rituel cathare

Ce rituel fait suite à une traduction en langue occitane du Nouveau Testament. Le manuscrit date de la fin du XIIIe siècle, mais rituel et traduction sont probablement beaucoup plus anciens.

Le service

Nous sommes venus devant Dieu, devant vous et devant l'Ordre de la sainte Église pour recevoir service, pardon et pénitence de tous les péchés que nous avons commis, dits ou pensés depuis notre naissance jusqu'à maintenant. Nous demandons miséricorde à Dieu et nous vous demandons de prier pour nous le Père saint afin qu'il nous pardonne.

Adorons Dieu, confessons tous nos péchés et nos nombreuses graves offenses envers le Père, le Fils et l'honoré Saint-Esprit, les honorés saints Évangiles et les honorés saints Apôtres, par l'oraison et par la foi, par le salut de tous les loyaux et glorieux chrétiens, des bienheureux ancêtres qui dorment au tombeau, des frères qui nous environnent et devant vous, saint Seigneur afin que vous nous pardonniez tous nos péchés. Bénissez-nous, pardonnez-nous. Amen.

Car nombreux sont les péchés par lesquels nous offensons Dieu nuit et jour, en parole, en œuvre, en pensée, avec et sans volonté, et par la volonté des malins esprits qui sont dans la chair dont nous sommes vêtus. Bénissez-nous, pardonnez-nous. Amen.

Comme la sainte parole de Dieu nous l'enseigne, les saints apôtres et nos frères spirituels nous incitent à rejeter tout désir de la chair et toute vilenie et à faire le Bien Parfait selon la volonté de Dieu ; mais nous, serviteurs paresseux, non seulement nous ne faisons pas comme il faudrait la volonté de Dieu, mais nous nous soumettons aux désirs de la chair et aux soucis du monde, et blessons ainsi nos esprits. Bénissez-nous, pardonnez-nous. Amen.

Nous suivons les gens du monde, avec eux nous demeurons, nous parlons, nous mangeons, nous péchons en beaucoup de choses et nous nuisons ainsi à nos frères et à nos esprits. Bénissez-nous, pardonnez-nous. Amen.

Nos langues nous font tomber en paroles oiseuses, en vaines parleries, en rires, en moqueries et malices, en médisances envers des frères et des sœurs dont nous ne sommes pas dignes de juger ni de condamner les offenses. Parmi les chrétiens nous sommes des pécheurs. Bénissez-nous, pardonnez-nous. Amen.

Nous ne gardons pas comme il le faudrait le service que nous recevons, ni le jeûne, ni l'oraison. Nous négligeons les commandements quotidiens, nous gaspillons nos heures. Tandis que nous sommes dans la sainte oraison notre sens se détourne vers les désirs charnels, vers les soucis du monde, de sorte que nous savons à peine ce que nous offrons au Père des justes. Bénissez-nous, pardonnez-nous. Amen.

Ô toi, saint et bon Seigneur, tout ce qui vient à notre sens et à notre pensée nous te le confessons, saint Seigneur. Et nous déposons la multitude de nos péchés dans la miséricorde de Dieu, dans la sainte oraison et dans le saint évangile, car nombreux sont nos péchés. Bénissez-nous, pardonnez-nous. Amen.

Ô Seigneur, juge et condamne les vices de la chair, n'aie pas pitié de la chair née de la corruption mais aie pitié de l'esprit emprisonné, et prescris-nous jours et heures de prières, de jeûnes, d'oraisons et de prédications afin que nous ne soyons ni jugés ni condamnés comme traîtres au jour du Jugement. Bénissez-nous, pardonnez-nous. Amen.

Transmission rituelle de la sainte oraison

Si un croyant est en abstinence et si les Bonshommes s'accordent à lui livrer l'Oraison, qu'ils se lavent les mains, et les croyants, s'il y en a, aussi. Que le premier des Bonshommes, celui qui vient après l'Ancien, fasse trois révérences à l'Ancien. Qu'il prépare une table et fasse trois autres révérences. Qu'il mette une nappe sur la table et fasse encore trois révérences. Qu'il mette le livre sur la nappe et qu'il dise : « Bénissez-nous, pardonnez-nous. » Ensuite de quoi que le croyant fasse son *melioramentum* et qu'il prenne le livre de la main de l'Ancien. L'Ancien doit alors l'admonester et le prêcher avec des témoignages appropriés. Et si le croyant a nom Pierre (par exemple), qu'il lui dise ainsi :

« Pierre, vous devez comprendre que lorsque vous êtes devant l'Église de Dieu, vous êtes devant le Père, le Fils et le Saint-Esprit. Car Église signifie assemblée, et là où sont les vrais chrétiens, là sont le Père, le Fils et le Saint-Esprit, comme les divines Écritures le démontrent. Car le Christ a dit dans l'évangile de saint Matthieu : "En quelque lieu que soient deux ou trois personnes réunies en mon nom, je suis au milieu d'elles." Et dans l'évangile de saint Jean il a dit : "Si quelqu'un m'aime, il gardera ma parole, et mon Père l'aimera, et nous viendrons à lui et nous demeurerons avec lui." Et saint Paul dit dans la seconde épître aux Corinthiens : "Vous êtes le temple du Dieu vivant, comme Dieu l'a dit par Isaïe : car j'habiterai avec eux et j'irai et je serai leur Dieu et ils seront mon peuple. C'est pourquoi sortez du milieu d'eux et séparez-vous-en, dit le Seigneur. Et vous ne toucherez pas les choses impures, et je vous accueillerai. Je serai pour vous un Père, et vous serez pour moi des fils et des filles, dit le Seigneur Dieu tout-puissant." Et en un autre endroit il dit : "Cherchez la preuve que le Christ parle en moi." Et dans la première épître à Timothée il dit : "Je t'écris ces choses, espérant venir bientôt à toi. Mais si je tarde, sache de quelle manière il convient que tu te conduises dans la maison de Dieu, laquelle est l'Église du Dieu vivant, colonne et fondement de la vérité." Et le même dit aux Hébreux : "Mais le Christ est comme un fils dans sa maison, et nous, nous sommes sa maison."

« Que l'esprit de Dieu est avec les fidèles de Jésus-Christ, Christ le démontre ainsi dans l'évangile de saint Jean : "Si vous m'aimez, gardez mes commandements. Et je prierai le Père, et il vous donnera un autre consolateur qui soit avec vous éternellement, l'Esprit de vérité que le monde ne peut recevoir, car il ne le voit ni ne le connaît, mais vous, vous le connaîtrez car il demeurera avec vous, et il sera en vous." Et dans l'évangile de saint Matthieu, il dit : "Voici que je suis avec vous pour toujours, jusqu'à la consommation des siècles." Et saint Paul dit dans la première épître aux Corinthiens : "Ne savez-vous pas que vous êtes le temple du Dieu vivant, et que l'esprit de Dieu est en vous ? Mais si quelqu'un corrompt le temple de Dieu, Dieu le détruira. Car le temple de Dieu est saint, et ce temple, c'est vous." Le Christ le démontre ainsi dans l'évangile de saint Matthieu : "Car ce n'est pas vous qui parlez, mais l'esprit de votre Père qui parle en vous." Et saint Jean dit dans l'épître : "En cela nous savons que nous demeurons en lui, et lui en nous, parce qu'il nous a donné de son Esprit." Et saint Paul dit aux Galates : "Parce que vous êtes fils de Dieu, Dieu a envoyé l'Esprit de son Fils en votre cœur, criant : Père, Père !" Par quoi il faut entendre qu'en vous présentant devant les fils de Jésus-Christ, vous confirmez la foi et la prédication de l'Église de Dieu, selon que les divines Écritures le donnent à entendre.

« Car le peuple de Dieu s'est séparé anciennement de son Seigneur Dieu. Et il s'est départi du conseil et de la volonté de son saint Père par suite de la tromperie des malins esprits et du fait de sa soumission à leur volonté. Et par ces raisons et par beaucoup d'autres il est donné à entendre que le Père Saint veut avoir pitié de son peuple, et le recevoir dans la paix et dans sa concorde par l'avènement de son fils Jésus-Christ. C'est la raison pour laquelle vous êtes ici devant les disciples de Jésus-Christ, en ce lieu où habitent spirituellement le Père, le Fils et le Saint-Esprit, comme il est démontré ci-dessus, pour que vous puissiez recevoir cette sainte oraison que le seigneur Jésus-Christ a donnée à ses disciples, de façon que vos oraisons et vos prières soient exaucées par notre Père saint. C'est pourquoi vous devez comprendre, si vous voulez recevoir la sainte oraison du *Pater*, qu'il faut vous repentir de tous vos péchés et pardonner à tous les hommes. Car Notre-Seigneur Jésus-Christ dit : "Si vous ne pardonnez pas aux hommes leurs péchés, votre Père céleste ne vous pardonnera pas vos propres péchés."

« Derechef il convient que vous vous proposiez en votre cœur de garder cette sainte oraison tout le temps de votre vie, si Dieu vous donne la grâce de la recevoir selon la coutume de l'Église de Dieu, avec chasteté et vérité, et avec toutes les autres bonnes vertus que Dieu voudra vous donner. C'est pourquoi nous prions le bon Seigneur qui a donné aux disciples de Jésus-Christ le pouvoir de recevoir cette sainte oraison avec fermeté, qu'il vous donne lui-même, à vous aussi, la grâce de la recevoir avec fermeté, en l'honneur de lui et pour votre salut. Amen. »

Et puis que l'Ancien dise l'oraison, et que le croyant la suive. Ensuite l'Ancien dira : « Nous vous livrons cette sainte oraison pour que vous la receviez de Dieu, de nous et de l'Église, et que vous ayez le pouvoir de la dire à tous les moments de votre vie, de jour et de nuit, seul et en compagnie, et que jamais vous ne mangiez ni ne buviez sans dire d'abord cette oraison. Et si vous y manquiez, il faudrait que vous en fassiez pénitence. » Et le croyant doit dire : « Je la reçois de Dieu, de vous et de l'Église. » Et puis qu'il fasse son *melioramentum* et qu'il rende grâce. Et puis que les chrétiens répètent deux fois l'oraison, demandent grâce et pardon, et le croyant avec eux.

Réception du consolamentum

S'il doit être consolé sur-le-champ, que le croyant fasse son *melioramentum* et qu'il prenne le livre de la main de l'Ancien. Celui-ci doit l'admonester et le prêcher avec témoignages convenables et avec telles paroles qui conviennent à une « consolation ». Qu'il lui parle ainsi :

« Pierre, vous voulez recevoir le baptême spirituel par lequel est donné le Saint-Esprit en l'Église de Dieu, avec la sainte oraison, avec l'imposition des mains des Bonshommes. De ce baptême, Notre-Seigneur Jésus-Christ dit, dans l'évangile de saint Matthieu, à ses disciples : "Allez et instruisez toutes les nations, baptisez-les au nom du Père, du Fils et du Saint-Esprit. Enseignez-leur à garder toutes les choses que je vous ai commandées. Et voici que je suis avec vous pour toujours jusqu'à la consommation des siècles." Et dans l'évangile de saint Marc il dit : "Allez par tout le monde, prêchez l'évangile à toute créature. Qui croira et sera baptisé sera sauvé, mais qui ne croira pas sera condamné." Il dit à Nicodème dans l'évangile de saint Jean : "En vérité, en vérité je te le dis : aucun homme n'entrera dans le royaume de Dieu s'il ne renaît pas par l'eau et par le Saint-Esprit." Et Jean-Baptiste a parlé de ce baptême quand il a dit : "Il est vrai que je baptise d'eau, mais celui qui doit venir après moi est plus fort que moi. Je ne suis pas digne de lier la courroie de ses souliers. Il vous baptisera du Saint-Esprit et de feu." Et Jésus-Christ dit dans les Actes des apôtres : "Car Jean, certes, a baptisé d'eau, mais vous, vous serez baptisés du Saint-Esprit."

«Jésus-Christ fit ce saint baptême de l'imposition des mains, selon ce que rapporte saint Luc, et il dit que ses amis le feraient, comme le rapporte saint Marc : "Ils imposeront les mains sur les malades, et les malades seront guéris." Ananias fit ce baptême à saint Paul quand il fut converti. Et ensuite Paul et Barnabé le firent en beaucoup de lieux. Et saint Paul et saint Jean le firent sur les Samaritains. Car saint Luc le dit dans les Actes des apôtres : "Quand les apôtres qui étaient à Jérusalem eurent appris que ceux de Samarie avaient reçu la parole de Dieu, ils envoyèrent à eux Pierre et Jean. Lesquels y étant venus prièrent pour eux afin qu'ils reçussent le Saint-Esprit, car il n'était pas encore descendu en aucun d'eux. Alors ils posèrent les mains sur eux, et ils reçurent le Saint-Esprit." Ce saint baptême par lequel le Saint-Esprit est donné, l'Église de Dieu l'a maintenu depuis les apôtres jusqu'à ce jour, et il est venu de Bonshommes en Bonshommes jusqu'ici. Et l'Église de Dieu maintiendra ce baptême jusqu'à la fin du monde. Et vous devez entendre que le pouvoir est donné à l'Église de Dieu de lier et de délier, de pardonner les péchés et de les retenir, comme le

Christ le dit dans l'évangile de saint Jean : "Comme le Père m'a envoyé, je vous envoie aussi. Lorsqu'il eut dit ces choses, il souffla sur eux et leur dit : Recevez le Saint-Esprit ; ceux à qui vous pardonnez les péchés seront pardonnés, et ceux à qui vous les retiendrez seront retenus." Et dans l'évangile de saint Matthieu il dit à Simon Pierre : "Je te dis que tu es Pierre, et sur cette pierre je bâtirai mon Église et les portes de l'enfer n'auront point de force contre elle. Je te donnerai les clefs du Royaume des cieux, et quelque chose que tu lies sur terre, elle sera liée dans les cieux, et quelque chose que tu délies sur terre, elle sera déliée dans les cieux." Il dit à ses disciples dans un autre endroit : "Guérissez les malades, ressuscitez les morts, purifiez les lépreux, chassez les démons." Et dans l'évangile de saint Jean il dit : "Qui croit en moi fera les œuvres que je fais." Et dans l'évangile de saint Marc il dit : "Mais ceux qui croiront, ces signes les suivront : en mon nom ils chasseront les démons, et ils parleront de nouvelles langues, et ils enlèveront les serpents, et s'ils boivent quelque breuvage mortel, cela ne leur fera pas de mal. Ils poseront les mains sur les malades et les malades seront guéris." Il dit encore dans l'évangile de saint Luc : "Voici que je vous ai donné le pouvoir de marcher sur les serpents et les scorpions, et sur toute la force de l'Ennemi, et rien ne vous nuira."

« Si vous voulez recevoir ce pouvoir et cette puissance, il convient que vous gardiez tous les commandements du Christ et du Nouveau Testament selon votre pouvoir. Et sachez qu'il a commandé que l'homme ne commette ni adultère, ni homicide, ni mensonge ; qu'il ne jure aucun serment, qu'il ne prenne ni ne dérobe, qu'il ne fasse pas aux autres ce qu'il ne veut pas qui soit fait à soi-même, et que l'homme pardonne à qui lui fait du mal, et qu'il aime ses ennemis, et qu'il prie pour ses calomniateurs et pour ses accusateurs et les bénisse. Si on le frappe sur une joue, qu'il tende l'autre, et si on lui enlève la tunique, qu'il laisse aussi le manteau ; qu'il ne juge ni ne condamne, et beaucoup d'autres commandements qui sont prescrits par le Seigneur à son Église. Il convient également que vous détestiez ce monde et ses œuvres, ainsi que les choses qui sont de lui. Car saint Jean dit dans l'épître première : "Ô mes très chers, ne veuillez pas aimer le monde, ni ces choses qui sont dans le monde. Si quelqu'un aime le monde, la Charité du Père n'est pas en lui. Car tout ce qui est dans le monde est convoitise de la chair, convoitise des yeux et orgueil de la vie qui n'est pas du Père, mais est du monde ; et le monde passera ainsi que sa convoitise, mais qui fera la volonté de Dieu demeurera éternellement." Et Christ dit aux nations : "Le monde ne peut vous détester, mais il me hait parce que je porte témoignage de lui, que ses œuvres sont mauvaises." Il est écrit dans le livre de Salomon : "J'ai vu toutes ces choses qui se font sous le soleil, et voilà que toutes sont vanité et tourment de l'esprit." Et Jude, frère de Jacques, dit pour notre enseignement : "Détestez ce vêtement souillé qui est charnel." Par ces témoignages et par beaucoup d'autres il convient que vous observiez les commandements de Dieu, et que vous détestiez le monde. Et si vous le faites bien jusqu'à la fin, nous avons l'espérance que votre âme aura la vie éternelle. »

Que le croyant dise alors : « J'ai cette volonté, priez Dieu pour moi qu'Il m'en donne la force. » Et puis que le premier des Bonshommes fasse, avec le croyant, son *melioramentum* à l'Ancien, et qu'il dise : « Bons chrétiens, nous vous prions pour l'amour de Dieu d'accorder à notre ami ici présent de ce bien que Dieu vous a donné. » Ensuite le croyant doit faire son *melioramentum* et dire : « Pour tous les péchés que j'ai pu faire ou dire ou penser ou opérer je demande pardon à Dieu, à l'Église et à vous tous. » Que les chrétiens disent alors : « Par Dieu et par nous et par l'Église qu'il vous soit pardonné, et nous prions Dieu qu'Il vous pardonne. » Après quoi ils doivent le consoler. Que l'Ancien prenne le livre des Évangiles et le lui mette sur la tête, que les autres Bonshommes posent chacun la main droite sur le livre, et qu'ils disent : « Bénissez-nous, pardonnez-nous. Amen », et trois fois : « Adorons le Père, le Fils et le Saint-Esprit », et puis : « Père Saint, accueille ton serviteur dans ta justice, et mets ta grâce et ton Esprit-Saint sur lui ». Qu'ils prient Dieu avec l'oraison, et que l'Ancien dise à voix basse la sixaine. Et quand la sixaine sera dite, il doit dire trois fois : « Adorons le Père, le Fils et le Saint-Esprit », et l'oraison une fois à haute voix, et puis l'évangile de Jean. Et quand l'évangile est dit, ils doivent dire trois fois : « Adorons le Père, le Fils et le Saint-Esprit », et trois fois : « Que la grâce de Notre-Seigneur Jésus-Christ soit avec nous tous. » Ensuite ils doivent s'embrasser entre eux, et aussi embrasser le livre. S'il y a des croyants, qu'ils se donnent aussi le baiser de paix, et que les croyantes, s'il y en a, embrassent aussi le livre et se donnent entre elles le baiser de paix. Et que la cérémonie se termine ainsi.

Annexe 3
La prière aux 72 noms de Dieu

Cette curieuse prière fut pratiquée en Occitanie du XIIe siècle jusqu'au début du XXe, soit comme formule orale de protection, soit comme talisman. Elle passait pour avoir une vertu propre, indépendante des dispositions morales de ceux qui en faisaient usage. On ne peut pas vraiment la dire cathare, quoique dans cette liste, « Serpens » puisse renvoyer à un symbolisme gnostique. On y dénombre par ailleurs quelques noms hébreux. « Ils n'y sont pas très nombreux, commente René Nelli. Mais c'est sans doute à l'imitation des Cabalistes, qui vénéraient les noms de Jéhovah, que les Provençaux se sont mis à vénérer ceux de Jésus-Christ. Si les Juifs ne faisaient état que de dix noms divins, ils avaient eu l'idée de très bonne heure d'extraire un nom de 72 lettres du nom de Jéhovah, en disposant ses lettres d'une certaine façon, et en totalisant leur valeur numérique. D'autre part, ils connaissaient les noms de 72 anges contenant chacun le nom de Dieu et symbolisant un de ses attributs. De ce fait, l'importance donnée, dans la prière provençale, au nombre 72 (qui n'appartient pas à la tradition chrétienne proprement dite) apparaît comme très significative.

Ce sont là les 72 noms de Notre-Seigneur Jésus-Christ, trouvés écrits pour le salut de tous les fidèles chrétiens. Tout homme qui les porte écrits sur lui, ou toute femme sur elle, aucun méchant ne pourra leur nuire. Ils ne pourront périr ni par l'eau ni par le feu, ni être tués au combat par leurs ennemis. Ni l'éclair ni la tempête ne les pourront meurtrir. Et si une femme enceinte a de la difficulté à enfanter, et qu'on lui mette cette prière sur elle, aussitôt elle sera délivrée, avec la volonté de Dieu.

Ely + Elei + Homo + Usyon + Salvator + Alfareo + Primogenitus + Principium Finis + Via + Veritas + Vita + Sapienta + Virtus + Paracletus + Mediator + Agnus + Hovis + Vitulus + Aries + Leo + Serpens + Vermis + Os Verbum + Ymage + Agla + Sol + Lux + Splendor + Panis + Fons + Utis + Lapis + Petra + Angelus + Sponsus + Pastor + Profeta + Sacerdos + Immortalis + Christus + Jesus + Pater + Filius + Deus + Spiritus Sanctus + Omnipotens + Mizridordie + Caritas + Aeternus + Creator + Redemptor + Theragramaton + Primus Novissimus + Samaritanus + Iaef + Gey + Iamo + Zachias + Cazarny + Adonay + Conditor + Esmutabilis + Fortis + Heleyson + Gloria + Osum + Summum Bonum + Sacyo + Sacraton + Sacratorium + Nay + Pax +

Orientation bibliographique

Chroniques et textes médiévaux

La Chanson de la Croisade albigeoise, éditée et traduite du provençal par Eugène Martin-Chabot, Les Belles Lettres, 1976.

La Chanson de la Croisade albigeoise, adaptation de Henri Gougaud, Berg International, 1984 et Livre de Poche, 1989.

Chronique de Guillaume de Puylaurens (1203-1275), texte édité, traduit et annoté par Jean Duvernoy, C.N.R.S., 1976.

Chronique de Guillaume Pelhisson, traduite et annotée par Jean Duvernoy, Ousset, 1958.

EYMERICH N. et PENA F., *Le Manuel des inquisiteurs,* introduction, traduction et notes de Louis Sala-Molins, Mouton éd., 1973.

GUI B., *Manuel de l'inquisiteur,* édité et traduit par G. Mollat, Les Belles Lettres, 1964.

Prêcher d'exemples, récits de prédicateurs du Moyen Âge, présenté par Jean-Claude Schmitt, Stock, 1985.

Le Registre d'inquisition de Jacques Fournier, évêque de Pamiers (1318-1325), traduit et annoté par Jean Duvernoy, Mouton éd., 1978.

Les Troubadours, présentation et traduction de René Nelli et René Lavaud, Desclée de Brouwer, 1966.

Vaux-de-Cernay P. (des), *Histoire Albigeoise*, nouvelle traduction par Pascal Guébin et Henri Maisonneuve, Librairie philosophique, Vrin, 1951.

Textes cathares

Écritures cathares, textes précathares et cathares présentés, traduits et commentés par René Nelli, éd. Planète, 1968.

Ivanov J., *Livres et légendes bogomiles*, Maisonneuve et Larose, 1976.

Le Livre secret des cathares (Interrogatio Johannis), édition critique, traduction et commentaires par Edina Bozoki, Beauchesne, 1980.

Rituel cathare, introduction, texte critique, traduction et notes par Christine Thouzellier, éd. du Cerf, 1977.

Ouvrages historiques et critiques

Borst A., *Les Cathares*, Payot, 1984.

Brenon A., *Le Vrai Visage du catharisme*, C.N.E.C., Carcassonne, 1990.

Cahiers de Fanjeaux. Collection d'histoire religieuse du Languedoc aux XIIIe et XIVe siècles, éd. Privat et Centre d'études historiques de Fanjeaux (trente numéros parus).

Dossat Y., *Les Crises de l'Inquisition toulousaine au XIIIe siècle (1233-1273)*, imprimerie Bière, Bordeaux, 1959.

Douais (Mgr), *Documents pour servir à l'histoire de l'Inquisition dans le Languedoc*, Slatkine, 1973.

Duvernoy J., *Le Catharisme : la religion des cathares*, Privat, 1976.

Duvernoy J., *Le Catharisme : l'histoire des cathares*, Privat, 1979.

Griffe E., *Les Débuts de l'aventure cathare en Languedoc (1140-1190)*, Letouzey et Ané, 1969.

Griffe E., *Le Languedoc cathare de 1190 à 1210*, Letouzey et Ané, 1971.

Griffe E., *Le Languedoc cathare au temps de la croisade (1209-1229)*, Letouzey et Ané, 1973.

GRIFFE E., *Le Languedoc cathare et l'Inquisition (1229-1329)*, Letouzey et Ané, 1980.

HAUREAU B., *Bernard Délicieux et l'Inquisition albigeoise, 1300-1320*, éd. Loubatières, 1992.

Hérésis, Revue d'hérésiologie médiévale, édition de textes, recherche, C.N.E.C., Centre René Nelli, Carcassonne.

LACARRIÈRE J., *Les Gnostiques*, coll. Idées Gallimard, 1973.

LE ROY LADURIE E., *Montaillou, village occitan de 1294 à 1324*, Gallimard, 1975.

MARTIN-BAGNAUDEZ J., *L'Inquisition, mythes et réalités*, Desclée de Brouwer, 1983.

MOLINIER C., *L'Inquisition dans le midi de la France au XIIIe et au XIVe siècle*, Laffitte Reprints, 1973.

NELLI R., *L'Érotique des troubadours*, Privat, 1963.

NELLI R., *Le Phénomène cathare*, Privat et P.U.F., 1964.

PUECH H.-C., *Le Manichéisme*, Civilisation du sud, S.A.E.P., 1949.

ROCHÉ D., *Le Catharisme*, éd. des Cahiers d'études cathares, 1973.

ROCHÉ D., *L'Église romaine et les cathares albigeois*, éd. des Cahiers d'études cathares, 1969.

ROQUEBERT M., *L'Épopée cathare*, t. 1 : *L'invasion (1198-1212)* ; t. 2 : *Muret ou la dépossession (1213-1216)* ; t. 3 : *Le lys et la croix (1216-1229)* ; t. 4 : *Mourir à Montségur (1230-1249)*, Privat.

ROQUEBERT M. et SOULA C., *Citadelles du vertige*, Privat, 1972.

SIGAL P.-A., *L'Homme et le miracle dans la France médiévale (XIe-XIIe siècles)*, 1985.

THOUZELLIER C., *Catharisme et valdéisme en Languedoc*, P.U.F., 1966.

VAUCHEZ A., *Les Laïcs au Moyen Âge. Pratiques et expériences religieuses*, éd. du Cerf, 1987.

VAUCHEZ A., *La Spiritualité du Moyen Âge occidental, VIIIe-XIIIe siècles*, Points-Seuil, 1994.

Table des matières

1. – Dieu n'est pas de ce monde 7
2. – Le grain cathare 27
3. – Le déferlement 47
4. – Montfort cœur de lion 69
5. – Le pouvoir, la foi et la mort 93
6. – Les derniers errants 115
7. – Naissance d'un mythe 135

Annexe 1. – La prière cathare 155
Annexe 2. – Le rituel cathare 157
Annexe 3. – La prière aux 72 noms de Dieu 169

Orientation bibliographique 171

DU MÊME AUTEUR

Démons et merveilles de la science-fiction
essai
Julliard, 1974

Départements et territoires d'outre-mort
nouvelles
Julliard, 1977
et « Points », n° P732

Souvenirs invivables
poèmes
Ipomée, 1977

Le Grand Partir
roman
Grand Prix de l'humour noir
Seuil, 1978
et « Points », n° P525

L'Arbre à soleils.
Légendes du monde entier
Seuil, 1979
et « Points », n° P304

Le Trouveur de feu
roman
Seuil, 1980
et « Points Roman », n° R695

Bélibaste
roman
Seuil, 1982
et « Points », n° P306

L'Inquisiteur
roman
Seuil, 1984
et « Points », n° P66

Le Fils de l'ogre
roman
Seuil, 1986
et « Points », n° P385

L'Arbre aux trésors.
Légendes du monde entier
Seuil, 1987
et « Points », n° P361

L'Homme à la vie inexplicable
roman
Seuil, 1989
et « Points », n° P305

La Chanson de la croisade albigeoise
(traduction)
Le Livre de poche, « Lettres gothiques », 1989

L'Expédition
roman
Seuil, 1991
et « Points », n° P524

L'Arbre d'amour et de sagesse.
Contes du monde entier
Seuil, 1992,
et « Points », n° P360

Vivre le pays cathare
(en collaboration avec Gérard Siöen)
Mengès, 1992

La Bible du hibou.
Légendes, peurs bleues, fables et fantaisies
du temps où les hivers étaient rudes
Seuil, 1994
et « Points », n° P78

Les Septs Plumes de l'aigle
récit
Seuil, 1995
et « Points », n° P1032

Le Livre des amours
Contes de l'envie d'elle et du désir de lui
Seuil, 1996
et « Points », n° P584

Les Dits de Maître Shonglang
Seuil, 1997

Paroles de Chamans
Albin Michel, « Carnets de sagesse », 1997

Paramour
récit
Seuil, 1998
et « Points », n° P760

Contes d'Afrique
(illustrations de Marc Daniau)
Seuil, 1999

Contes du Pacifique
(illustrations de Laura Rosano)
Seuil, 2000

Le Rire de l'Ange
Seuil, 2000
et « Points », n° P1073

Contes d'Asie
(illustrations d'Olivier Besson)
Seuil, 2001

Le Murmure des contes
Desclée de Brouwer, 2002

La Reine des serpents
et autres contes du ciel et de la terre
« Points Virgule », n° 57

Contes d'Europe
(illustrations de Marc Daniau)
Seuil, 2002

Contes et recettes du monde
(en collaboration avec Guy Martin)
Seuil, 2003

L'Amour foudre
Contes de la folie d'aimer
Seuil, 2003
et « Points », n° P1613

Contes d'Amérique
(illustrations de Blutch)
Seuil, 2004

Contes des sages soufis
Seuil, 2004

Le Voyage d'Anna
roman
Seuil, 2005
« Points », n° P1459
et Éditions de la Seine, 2007

L'Almanach
Éditions du Panama, 2006

Jusqu'à Tombouctou
Desert blues
(en collaboration avec Michel Jaffrenou)
Éditions du Point d'Exclamation, 2007

Le Voyage d'Anna :
La générosité humaine plus forte que la guerre
roman
Éditions de la Seine, 2007

L'Homme qui voulait voir Mahona
Albin Michel, 2008

Achevé d'imprimer en septembre 2008
par **BUSSIÈRE**
à Saint-Amand-Montrond (Cher)
N° d'édition : 97557-2. - N° d'impression : 81540.
Dépôt légal : juin 2008.
Imprimé en France

Collection Points

DERNIERS TITRES PARUS

P1684. Chroniques de la haine ordinaire 2, *Pierre Desproges*
P1685. Desproges, portrait, *Marie-Ange Guillaume*
P1686. Les Amuse-Bush, *Collectif*
P1687. Mon valet et moi, *Hervé Guibert*
P1688. T'es pas mort!, *Antonio Skármeta*
P1689. En la forêt de Longue Attente.
       Le roman de Charles d'Orléans, *Hella S. Haasse*
P1690. La Défense Lincoln, *Michael Connelly*
P1691. Flic à Bangkok, *Patrick Delachaux*
P1692. L'Empreinte du renard, *Moussa Konaté*
P1693. Les fleurs meurent aussi, *Lawrence Block*
P1694. L'Ultime Sacrilège, *Jérôme Bellay*
P1695. Engrenages, *Christopher Wakling*
P1696. La Sœur de Mozart, *Rita Charbonnier*
P1697. La Science du baiser, *Patrick Besson*
P1698. La Domination du monde, *Denis Robert*
P1699. Minnie, une affaire classée, *Hans Werner Kettenbach*
P1700. Dans l'ombre du Condor, *Jean-Paul Delfino*
P1701. Le Nœud sans fin. Le Chant d'Albion III
       Stephen Lawhead
P1702. Le Feu primordial, *Martha Wells*
P1703. Le Très Corruptible Mandarin, *Qiu Xiaolong*
P1704. Dexter revient!, *Jeff Lindsay*
P1705. Vous plaisantez, monsieur Tanner, *Jean-Paul Dubois*
P1706. À Garonne, *Philippe Delerm*
P1707. Pieux mensonges, *Maile Meloy*
P1708. Chercher le vent, *Guillaume Vigneault*
P1709. Les Pierres du temps et autres poèmes, *Tahar Ben Jelloun*
P1710. René Char, *Éric Marty*
P1711. Les Dépossédés, *Robert McLiam Wilson et Donovan Wylie*
P1712. Bob Dylan à la croisée des chemins. Like a Rolling Stone
       Greil Marcus
P1713. Comme une chanson dans la nuit
       suivi de Je marche au bras du temps, *Alain Rémond*
P1714. Où les borgnes sont rois, *Jess Walter*
P1715. Un homme dans la poche, *Aurélie Filippetti*
P1716. Prenez soin du chien, *J.M. Erre*
P1717. La Photo, *Marie Desplechin*
P1718. À ta place, *Karine Reysset*
P1719. Je pense à toi tous les jours, *Hélèna Villovitch*
P1720. Si petites devant ta face, *Anne Brochet*

P1721. Ils s'en allaient faire des enfants ailleurs
Marie-Ange Guillaume
P1722. Le Jugement de Léa, *Laurence Tardieu*
P1723. Tibet or not Tibet, *Péma Dordjé*
P1724. La Malédiction des ancêtres, *Kirk Mitchell*
P1725. Le Tableau de l'apothicaire, *Adrian Mathews*
P1726. Out, *Natsuo Kirino*
P1727. La Faille de Kaïber. Le Cycle des Ombres I
Mathieu Gaborit
P1728. Griffin. Les Descendants de Merlin III, *Irene Radford*
P1729. Le Peuple de la mer. Le Cycle du Latium II
Thomas B. Swann
P1730. Sexe, mensonges et Hollywood, *Peter Biskind*
P1731. Qu'avez-vous fait de la révolution sexuelle ?
Marcela Iacub
P1732. Persée, prince de la lumière. Le Châtiment des dieux III
François Rachline
P1733. Bleu de Sèvres, *Jean-Paul Desprat*
P1734. Julius et Isaac, *Patrick Besson*
P1735. Une petite légende dorée, *Adrien Goetz*
P1736. Le Silence de Loreleï, *Carolyn Parkhurst*
P1737. Déposition, *Leon Werth*
P1738. La Vie comme à Lausanne, *Erik Orsenna*
P1739. L'Amour, toujours !, *Abbé Pierre*
P1740. Henri ou Henry, *Didier Decoin*
P1741. Mangez-moi, *Agnès Desarthe*
P1742. Mémoires de porc-épic, *Alain Mabanckou*
P1743. Charles, *Jean-Michel Béquié*
P1744. Air conditionné, *Marc Vilrouge*
P1745. L'Homme qui apprenait lentement, *Thomas Pynchon*
P1746. Extrêmement fort et incroyablement près
Jonathan Safran Foer
P1747. La Vie rêvée de Sukhanov, *Olga Grushin*
P1748. Le Retour du Hooligan, *Norman Manea*
P1749. L'Apartheid scolaire, *G. Fellouzis & Cie*
P1750. La Montagne de l'âme, *Gao Xingjian*
P1751. Les Grands Mots du professeur Rollin
Panacée, ribouldingue et autres mots à sauver
Le Professeur Rollin
P1752. Dans les bras de Morphée
Histoire des expressions nées de la mythologie
Isabelle Korda
P1753. Parlez-vous la langue de bois ?
Petit traité de manipulation à l'usage des innocents
Martine Chosson
P1754. Je te retrouverai, *John Irving*

P1755. L'Amant en culottes courtes, *Alain Fleischer*
P1756. Billy the Kid, *Michael Ondaatje*
P1757. Le Fou de Printzberg, *Stéphane Héaume*
P1758. La Paresseuse, *Patrick Besson*
P1759. Bleu blanc vert, *Maïssa Bey*
P1760. L'Été du sureau, *Marie Chaix*
P1761. Chroniques du crime, *Michael Connelly*
P1762. Le croque-mort enfonce le clou, *Tim Cockey*
P1763. La Ligne de flottaison, *Jean Hatzfeld*
P1764. Le Mas des alouettes, Il était une fois en Arménie
       Antonia Arslan
P1765. L'Œuvre des mers, *Eugène Nicole*
P1766. Les Cendres de la colère. Le Cycle des Ombres II
       Mathieu Gaborit
P1767. La Dame des abeilles. Le Cycle du latium III
       Thomas B. Swann
P1768. L'Ennemi intime, *Patrick Rotman*
P1769. Nos enfants nous haïront
       Denis Jeambar & Jacqueline Remy
P1770. Ma guerre contre la guerre au terrorisme
       Terry Jones
P1771. Quand Al-Quaïda parle, *Farhad Khosrokhavar*
P1772. Les Armes secrètes de la C.I.A., *Gordon Thomas*
P1773. Asphodèle, *suivi de* Tableaux d'après Bruegel
       William Carlos Williams
P1774. Poésie espagnole 1945-1990 (anthologie)
       Claude de Frayssinet
P1775. Mensonges sur le divan, *Irvin D. Yalom*
P1776. Le Sortilège de la dague. Le Cycle de Deverry I
       Katharine Kerr
P1777. La Tour de guet *suivi des* Danseurs d'Arun.
       Les Chroniques de Tornor I, *Elisabeth Lynn*
P1778. La Fille du Nord, Les Chroniques de Tornor II
       Elisabeth Lynn
P1779. L'Amour humain, *Andreï Makine*
P1780. Viol, une histoire d'amour, *Joyce Carol Oates*
P1781. La Vengeance de David, *Hans Werner Kettenbach*
P1782. Le Club des conspirateurs, *Jonathan Kellerman*
P1783. Sanglants trophées, *C.J. Box*
P1784. Une ordure, *Irvine Welsh*
P1785. Owen Noone et Marauder
       Douglas Cowie
P1786. L'Autre Vie de Brian, *Graham Parker*
P1787. Triksta, *Nick Cohn*
P1788. Une histoire politique du journalisme
       Géraldine Muhlmann

P1789. Les Faiseurs de pluie.
L'histoire et l'impact futur du changement climatique
Tim Flannery
P1790. La Plus Belle Histoire de l'amour, *Dominique Simonnet*
P1791. Poèmes et proses, *Gerard Manley Hopkins*
P1792. Lieu-dit l'éternité, poèmes choisis, *Emily Dickinson*
P1793. La Couleur bleue, *Jörg Kastner*
P1794. Le Secret de l'imam bleu, *Bernard Besson*
P1795. Tant que les arbres s'enracineront
dans la terre et autres poèmes, *Alain Mabanckou*
P1796. Cité de Dieu, *E.L. Doctorow*
P1797. Le Script, *Rick Moody*
P1798. Raga, approche du continent invisible, *J.M.G. Le Clézio*
P1799. Katerina, *Aharon Appefeld*
P1800. Une opérette à Ravensbrück, *Germaine Tillion*
P1801. Une presse sans Gutenberg,
Pourquoi Internet a révolutionné le journalisme
Bruno Patino et Jean-François Fogel
P1802. Arabesques. L'aventure de la langue en Occident
Henriette Walter et Bassam Baraké
P1803. L'Art de la ponctuation. Le point, la virgule
et autres signes fort utiles
Olivier Houdart et Sylvie Prioul
P1804. À mots découverts. Chroniques au fil de l'actualité
Alain Rey
P1805. L'Amante du pharaon, *Naguib Mahfouz*
P1806. Contes de la rose pourpre, *Michel Faber*
P1807. La Lucidité, *José Saramago*
P1808. Fleurs de Chine, *Wei-Wei*
P1809. L'Homme ralenti, *J.M. Coetzee*
P1810. Rêveurs et nageurs, *Denis Grozdanovitch*
P1811. - 30°, *Donald Harstad*
P1812. Le Second Empire. Les Monarchies divines IV
Paul Kearney
P1813. Été machine, *John Crowley*
P1814. Ils sont votre épouvante, et vous êtes leur crainte
Thierry Jonquet
P1815. Paperboy, *Pete Dexter*
P1816. Bad city blues, *Tim Willocks*
P1817. Le Vautour, *Gil Scott Heron*
P1818. La Peur des bêtes, *Enrique Serna*
P1819. Accessible à certaine mélancolie, *Patrick Besson*
P1820. Le Diable de Milan, *Martin Suter*
P1821. Funny Money, *James Swain*
P1822. J'ai tué Kennedy ou les mémoires d'un garde du corps
Manuel Vázquez Montalbán

P1823.	Assassinat à Prado del Rey et autres histoires sordides *Manuel Vázquez Montalbán*
P1824.	Laissez entrer les idiots. Témoignage d'un autiste *Kamran Nazeer*
P1825.	Patients si vous saviez, *Christian Lehmann*
P1826.	La Société cancérigène *Geneviève Barbier et Armand Farrachi*
P1827.	La Mort dans le sang, *Joshua Spanogle*
P1828.	Une âme de trop, *Brigitte Aubert*
P1829.	Non, ce pays n'est pas pour le vieil homme *Cormack Mc Carthy*
P1830.	La Psy, *Jonathan Kellerman*
P1831.	La Voix, *Arnaldur Indridason*
P1832.	Les Nouvelles Enquêtes du juge Ti, vol. 4 Petits meurtres entre moines, *Frédéric Lenormand*
P1833.	Les Nouvelles Enquêtes du juge Ti, vol. 5 Madame Ti mène l'enquête, *Frédéric Lenormand*
P1834.	La Mémoire courte, *Louis-Ferdinand Despreez*
P1835.	Les Morts du Karst, *Veit Heinichen*
P1836.	Un doux parfum de mort, *Guillermo Arriaga*
P1837.	Bienvenue en enfer, *Clarence L. Cooper*
P1838.	Le Roi des fourmis, *Charles Higson*
P1839.	La Dernière Arme, *Philip Le Roy*
P1840.	Désaxé, *Marcus Sakey*
P1841.	Opération vautour, *Stephen W. Frey*
P1842.	Éloge du gaucher, *Jean-Paul Dubois*
P1843.	Le Livre d'un homme seul, *Gao Xingjian*
P1844.	La Glace, *Vladimir Sorokine*
P1845.	Je voudrais tant revenir, *Yves Simon*
P1846.	Au cœur de ce pays, *J.M. Coetzee*
P1847.	La Main blessée, *Patrick Grainville*
P1848.	Promenades anglaises, *Christine Jordis*
P1849.	Scandale et folies. Neuf récits du monde où nous sommes, *Gérard Mordillat*
P1850.	Un mouton dans la baignoire, *Azouz Begag*
P1851.	Rescapée, *Fiona Kidman*
P1852.	Le Sortilège de l'ombre. Le Cycle de Deverry II *Katharine Kerr*
P1853.	Comment aiment les femmes. Du désir et des hommes *Maryse Vaillant*
P1854.	Courrier du corps. Nouvelles voies de l'anti-gymnastique *Thérèse Bertherat*
P1855.	Restez zen. La méthode du chat, *Henri Brunel*
P1856.	Le Jardin de ciment, *Ian McEwan*
P1857.	L'Obsédé (L'Amateur), *John Fowles*

P1858. Moustiques, *William Faulkner*
P1859. Givre et sang, *John Cowper Powys*
P1860. Le Bon Vieux et la Belle Enfant, *Italo Svevo*
P1861. Le Mystère Tex Avery, *Robert Benayoun*
P1862. La Vie aux aguets, *William Boyd*
P1863. L'amour est une chose étrange, *Joseph Connolly*
P1864. Mossad, les nouveaux défis, *Gordon Thomas*
P1865. 1968, Une année autour du monde, *Raymond Depardon*
P1866. Les Maoïstes, *Christophe Bourseiller*
P1867. Floraison sauvage, *Aharon Appelfeld*
P1868. Et il y eut un matin, *Sayed Kashua*
P1869. 1000 mots d'esprit, *Claude Gagnière*
P1870. Le Petit Grozda. Les merveilles oubliées du Littré
       Denis Grozdanovitch
P1871. Romancero gitan, *Federico García Lorca*
P1872. La Vitesse foudroyante du passé, *Raymond Carver*
P1873. Ferrements et autres poèmes, *Aimé Césaire*
P1874. La Force qui nous manque, *Eva Joly*
P1875. Enfants des morts, *Elfriede Jelinek*
P1876. À poèmes ouverts, *Anthologie Printemps des poètes*
P1877. Le Peintre de batailles, *Arturo Pérez-Reverte*
P1878. La Fille du Cannibale, *Rosa Montero*
P1879. Blue Angel, *Francine Prose*
P1880. L'Armée du salut, *Abdellah Taïa*
P1881. Grille de parole, *Paul Celan*
P1882. Nouveaux poèmes *suivi de* Requiem, *Rainer Maria Rilke*
P1883. Dissimulation de preuves, *Donna Leon*
P1884. Une erreur judiciaire, *Anne Holt*
P1885. Honteuse, *Karin Alvtegen*
P1886. La Mort du privé, *Michael Koryta*
P1887. Tea-Bag, *Henning Mankell*
P1888. Le Royaume des ombres, *Alan Furst*
P1889. Fenêtres de Manhattan, *Antonio Muñoz Molina*
P1890. Tu chercheras mon visage, *John Updike*
P1891. Fonds de tiroir, *Pierre Desproges*
P1892. Desproges est vivant, *Pierre Desproges*
P1893. Les Vaisseaux de l'ouest. Les Monarchies divines V
       Paul Kearney
P1894. Le Quadrille des assassins. La Trilogie Morgenstern I
       Hervé Jubert
P1895. Un tango du diable. La Trilogie Morgenstern II
       Hervé Jubert
P1896. La Ligue des héros. Le Cycle de Kraven I
       Xavier Mauméjean
P1897. Train perdu, wagon mort, *Jean-Bernard Pouy*
P1898. Cantique des gisants, *Laurent Martin*

P1899. La Nuit de l'abîme, *Juris Jurjevics*
P1900. Tango, *Elsa Osorio*
P1901. Julien, *Gore Vidal*
P1902. La Belle Vie, *Jay McInerney*
P1903. La Baïne, *Eric Holder*
P1904. Livre des chroniques III, *António Lobo Antunes*
P1905. Ce que je sais (Mémoires 1), *Charles Pasqua*
P1906. La Moitié de l'âme, *Carme Riera*
P1907. Drama city, *George P. Pelecanos*
P1908. Le Marin de Dublin, *Hugo Hamilton*
P1909. La Mère des chagrins, *Richard McCann*
P1910. Des louves, *Fabienne Jacob*
P1911. La Maîtresse en maillot de bain. Quatre récits d'enfance
*Yasmina Khadra, Paul Fournel,
Dominique Sylvain et Marc Villard*
P1912. Un si gentil petit garçon, *Jean-Loup Chiflet*
P1913. Saveurs assassines. Les Enquêtes de Miss Lalli
Kalpana Swaminathan
P1914. La Quatrième Plaie, *Patrick Bard*
P1915. Mon sang retombera sur vous, *Aldo Moro*
P1916. On ne naît pas Noir, on le devient
Jean-Louis Sagot-Duvauroux
P1917. La Religieuse de Madrigal, *Michel del Castillo*
P1918. Les Princes de Francalanza, *Federico de Roberto*
P1919. Le Conte du ventriloque, *Pauline Melville*
P1920. Nouvelles chroniques au fil de l'actualité.
Encore des mots à découvrir, *Alain Rey*
P1921. Le mot qui fait mouche. Dictionnaire amusant
et instructif des phrases les plus célèbres de l'histoire
Gilles Henry
P1922. Les Pierres sauvages, *Fernand Pouillon*
P1923. Ce monde est mon partage et celui du démon
Dylan Thomas
P1924. Bright Lights, Big City, *Jay McInerney*
P1925. À la merci d'un courant violent, *Henry Roth*
P1926. Un rocher sur l'Hudson, *Henry Roth*
P1927. L'amour fait mal, *William Boyd*
P1928. Anthologie de poésie érotique, *Jean-Paul Goujon (dir.)*
P1929. Hommes entre eux, *Jean-Paul Dubois*
P1930. Ouest, *François Vallejo*
P1931. La Vie secrète de E. Robert Pendleton, *Michael Collins*
P1932. Dara, *Patrick Besson*
P1933. Le Livre pour enfants, *Christophe Honoré*
P1934. La Méthode Schopenhauer, *Irvin D. Yalom*
P1935. Echo Park, *Michael Connelly*
P1936. Les Rescapés du Styx, *Jane Urquhart*

P1937. L'Immense Obscurité de la mort, *Massimo Carlotto*
P1938. Hackman blues, *Ken Bruen*
P1939. De soie et de sang, *Qiu Xiaolong*
P1940. Les Thermes, *Manuel Vázquez Montalbán*
P1941. Femme qui tombe du ciel, *Kirk Mitchell*
P1942. Passé parfait, *Leonardo Padura*
P1943. Contes barbares, *Craig Russell*
P1944. La Mort à nu, *Simon Beckett*
P1945. La Nuit de l'infamie, *Michael Cox*
P1946. Les Dames de nage, *Bernard Giraudeau*
P1947. Les Aventures de Minette Accentiévitch
       Vladan Matijeviç
P1948. Jours de juin, *Julia Glass*
P1949. Les Petits Hommes verts, *Christopher Buckley*
P1950. Dictionnaire des destins brisés du rock
       Bruno de Stabenrath
P1951. L'Ère des dragons. Le Cycle de Kraven II
       Xavier Mauméjean
P1952. Sabbat Samba. La Trilogie Morgenstern III
       Hervé Jubert
P1953. Pour le meilleur et pour l'empire, *James Hawes*
P1954. Doctor Mukti, *Will Self*
P1955. Comme un père, *Laurence Tardieu*
P1956. Sa petite chérie, *Colombe Schneck*
P1957. Tigres et tigresses. Histoire intime des couples
       présidentiels sous la Ve République
       Christine Clerc
P1958. Le Nouvel Hollywood, *Peter Biskind*
P1959. Le Tueur en pantoufles, *Frédéric Dard*
P1960. On demande un cadavre, *Frédéric Dard*
P1961. La Grande Friture, *Frédéric Dard*
P1962. Carnets de naufrage, *Guillaume Vigneault*
P1963. Jack l'éventreur démasqué, *Sophie Herfort*
P1964. Chicago banlieue sud, *Sara Paretsky*
P1965. L'Illusion du péché, *Alexandra Marinina*
P1966. Viscéral, *Rachid Djaïdani*
P1967. La Petite Arabe, *Alicia Erian*
P1968. Pampa, *Pierre Kalfon*
P1969. Les Cathares. Brève histoire d'un mythe vivant
       Henri Gougaud
P1970. Le Garçon et la Mer, *Kirsty Gunn*
P1971. L'Heure verte, *Frederic Tuten*
P1972. Le Chant des sables, *Brigitte Aubert*
P1973. La Statue du commandeur, *Patrick Besson*
P1974. Mais qui est cette personne allongée
       dans le lit à côté de moi ?, *Alec Steiner*